À mon regretté beau-père, Ignacio Artaza,

un Ibérique qui m'a appris tant de choses sur son pays.

À tous les Espagnols que j'ai connus,

et à tous ceux que je ne connais pas.

Sommaire

Avant-propos

Si vous deviez décrire ce que vous inspire l'Espagne en quelques mots, que citeriez-vous en premier lieu ?

Si vous êtes voyageur, vous mentionnerez probablement Majorque, les Canaries, la Costa Brava ou la Costa del Sol.

Vous aimez la bonne chère ? Alors, ce sont sans doute les tapas, la sangria, le rioja, la paella qui vous viennent à l'esprit.

Amateur d'art, la peinture de Picasso, Dalí, Goya, Miró, l'architecture de Gaudí, le musée du Prado, le Guggenheim de Bilbao, ne vous laissent certainement pas indifférent.

Vous avez le journal *L'Équipe* sur votre table de chevet, alors vous voyez l'Espagne comme un pays sportif. Vous admirez les exploits du Barça, du Real Madrid, de Rafael Nadal, du cycliste Contador, du basketteur Pau Gasol et de tant d'autres.

Si vous êtes défenseur de la cause animale, alors vous ne comprenez pas ce pays, qui a fait de la corrida l'un de ses passe-temps favoris.

Royaliste, vous avez fêté le couronnement du nouveau roi Felipe VI et vous vous félicitez du bon exemple que donne cette monarchie parlementaire.

Amateur de fringues, vous adorez le « Made in Spain » et les marques Zara, Mango, Desigual et Camper.

Fêtard, c'est certainement Ibiza, Pampelune ou Marbella qui vous inspirent le plus.

Cinéphile, vous aimez sans doute les films de Pedro Almodóvar, et les acteurs Javier Bardem, Antonio Banderas ou Penélope Cruz (surtout Penélope Cruz, si vous êtes un homme !).

Si vous êtes né dans les années soixante-dix, la musique de Mecano et les chansons : *Porque te vas, Vamos a la playa, Macarena* sonnent encore dans votre tête.

Olé !

Que d'évocations pour un seul pays. Que d'images, frôlant parfois le cliché, pour une seule nation. Ne trouvez-vous pas ?

L'Espagne, vue de l'autre côté des Pyrénées, fascine toujours, c'est un fait. On en oublierait presque que ce pays sort à peine d'une crise économique sans précédent, que le cinquième de sa population active est au chômage, que le Pays basque et la Catalogne menacent son unité, que sa monarchie bat de l'aile et que sa jeunesse ne croit plus en son avenir.

Mais qu'importe, puisque lorsque l'on va en Espagne, c'est souvent soit pour s'amuser, soit pour se reposer !

Là est le paradoxe de l'image, aussi enjolivée soit-elle, que l'on peut avoir d'un pays, confrontée à la réalité quotidienne vécue par sa population.

Les Français ont toujours été proches des Espagnols (et réciproquement), mais l'image que nous avons de nos voisins ibériques correspond-elle à la réalité ?

L'Espagne mérite-t-elle les nombreux stéréotypes qu'on lui attribue ?

Bien que seulement séparés par une chaîne de montagnes, sommes-nous si différents ?

Et les Espagnols, quelle image ont-ils de nous, Français ?

Je suis arrivé à Madrid en l'an 2000, par un concours de circonstances professionnelles, et je suis tombé amoureux de ce pays, justement pour ses clichés, ses excès, ses défauts et pour tout ce qui le rend si attachant.

J'ai découvert un pays complexe, où les gens sont si simples. Une nation multiculturelle et pourtant très unifiée. Si catholique, mais qui fut parmi les premiers à légaliser le mariage homosexuel. Des habitants que l'on préjuge paresseux et qui dorment si peu. Un peuple a priori machiste, alors que les femmes gardent leur nom de jeune fille. Des amoureux de la sieste, mais qui sont de vrais sportifs. Si conservateurs et si avant-gardistes. Une nation monarchique… si républicaine.

Bref, un pays extraordinaire dans le sens premier du terme, où le paradoxe atteint son paroxysme.

L'office du tourisme espagnol a même fait de cette différence le slogan de ses campagnes publicitaires : *Spain is different !*

Oui, l'Espagne est différente, et c'est cette Espagne qui fascine et celle dont le tableau est un peu moins idyllique que je vais m'efforcer de vous conter. Avec l'expérience, le vécu et les anecdotes d'un « Franchouillard » expatrié depuis deux décennies dans ce pays, si différent du nôtre.

Famille, je vous aime !

Commençons par le commencement, et au début, il y a la famille… et un magnifique contre-pied à la fameuse citation d'André Gide : *Famille, je vous hais !*

En Espagne on aime sa famille, comme dans tous les autres pays, mais ici on l'aime peut-être encore plus qu'ailleurs. Et même si on ne l'aime pas, on reste très proche d'elle, en habitant dans la même ville, dans le même quartier, dans le même immeuble, voire dans la même maison que ses parents.

Qu'on se le dise, les Espagnols sont des « Tanguy » en puissance !

Ce n'est pas se moquer d'eux que de l'affirmer, c'est juste une vérité.

Au-delà de la difficulté à couper le cordon ombilical, il y a une réalité économique qui s'impose. Avec un taux de chômage record, qui touche presque la moitié des moins de trente ans, la plupart des jeunes Espagnols n'ont tout simplement pas les moyens de « s'autonomiser ». On habite donc chez papa et maman, qui eux-mêmes souvent vivent encore chez leurs parents… et même si l'on est marié.

En Espagne on est « proche » de sa famille dans tous les sens du terme !

On comprend ainsi pourquoi ce pays, si riche en familles nombreuses il y a tout juste quelques décennies, possède aujourd'hui l'un des plus faibles taux de natalité de la planète. Car faire des bébés quand on vit encore chez papa et maman, mais aussi chez grand-mère et grand-père, c'est un peu compliqué !

À ce fait, il faut également ajouter une donnée culturelle et historique : l'Espagnol a le culte de la propriété. Il préfère attendre d'avoir les moyens pour se payer sa maison ou son appartement, plutôt que de débourser un loyer pour une location. C'est le « généralissime » Franco qui est le principal responsable de ce phénomène. Durant les trente années de sa dictature, il a tout mis en œuvre pour favoriser l'accès à la propriété de ses concitoyens. Et il a réussi, puisque plus de 80 % des Espagnols sont propriétaires, ce qui est une bonne chose. Sauf que l'effet recherché n'était pas dénué de tout intérêt. En favorisant l'accès à la propriété, il voulait ainsi asseoir et stabiliser son peuple, afin d'éviter toute velléité de révolution. Il est bien connu que les révolutionnaires propriétaires ont toujours eu plus à perdre que les sans-toits.

Outre le fait de vivre dans le même foyer, les Espagnols ont bien souvent le même prénom que leurs parents. C'est en effet une coutume ibérique que de donner (pas systématiquement, mais bien souvent) son prénom à son fils ou à sa fille. Et comme les Espagnols ont deux noms : d'abord celui de leur père, puis celui de leur mère (qui ne change pas de nom lorsqu'elle se marie), ceci évite toute confuse duplicité.

Vous êtes perdu ? Voici un petit arbre généalogique explicatif :

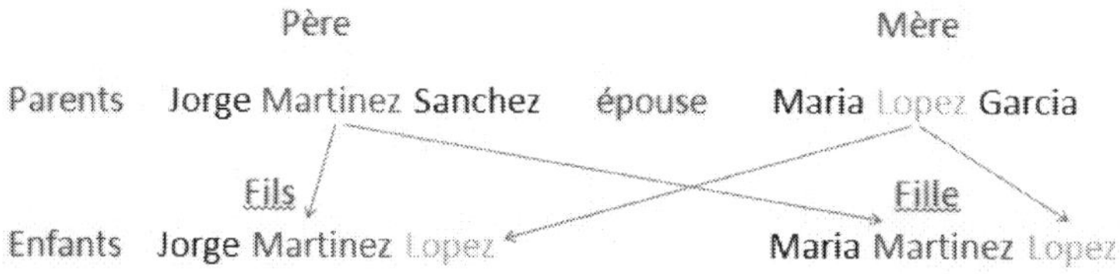

Le père donne son nom qui apparaît en première position. La mère donne aussi son nom, mais il apparaît en seconde position dans le nom de ses enfants.

Au passage, on remarquera une égratignure au cliché de l'Espagne machiste, avec cette épouse qui garde son nom de jeune fille ad vitam æternam.

Une petite anecdote personnelle à ce sujet. Fraîchement débarqué en Espagne, je découvre que la conjointe du Premier ministre et chef du gouvernement de l'époque, José Maria Aznar, s'appelle Ana Botella (littéralement Anne Bouteille). J'ai pensé que c'était quand même surprenant, pour un pays si traditionnel, d'avoir un Premier ministre qui n'était pas marié… Ce n'est que quelques semaines après, en faisant part de mon étonnement à une amie espagnole, que j'ai découvert l'explication sémantique et culturelle. Le Premier ministre était bien marié mais sa femme, comme toutes les femmes espagnoles, avait gardé son nom de jeune fille.

En me couchant ce jour-là, je me suis senti un peu moins inculte…

Comme tous les autres pays du monde, l'Espagne a ses noms fétiches. Les Martínez, López, Rodríguez, González, Hernández, Pérez, Sánchez, Fernández, sont légion. Le suffixe *ez* signifiant « fils de » à la façon d'un « Mc » pour un Écossais ou un nom se terminant par « son » pour un Scandinave ou anglophone.

Et si l'on ajoute García, avec ces neuf noms se terminant par « ez », on couvre la moitié de la population espagnole !

J'exagère à peine… C'est d'ailleurs pour cette raison que les joueurs de football ibériques sont automatiquement rebaptisés par leur prénom, ou par un surnom. Faute de quoi, les commentaires sportifs seraient des plus monotones et confus. Du style : « García passe la balle à García, qui enchaîne avec Hernández, qui passe en retrait pour Hernández puis pour Fernández ».

Ainsi, Raul, joueur emblématique du Real Madrid, s'appelle González de son nom. Xavi, l'historique milieu de terrain du Barça, porte le nom d'Hernández. Pedro, l'ex-attaquant du Barça, se nomme Rodríguez et j'en passe…

Tout serait plus facile si les Espagnols choisissaient des prénoms originaux pour leurs enfants. Mais, comme je l'écrivais auparavant, il faudra encore attendre quelques générations pour cela, car pour l'instant la tendance est toujours de donner son prénom à ses enfants. Et cela peut provoquer des situations burlesques, comme la fois où je me suis retrouvé en Égypte avec ma femme qui s'appelle Carmen, ma belle-mère qui s'appelle Carmen, ma nièce qui s'appelle Carmen et une cousine de ma femme qui s'appelle… Mari Carmen. Quand le guide nous a demandé nos prénoms, au bout du quatrième Carmen, il a tout simplement cru que l'on se moquait de lui !

L'autre fait marquant en Espagne est l'abondance des prénoms bibliques. Jésus (que l'on prononce ici « Réssus ») est un prénom très courant, de même qu'Abraham ou Moïse en moindre proportion. Il est fort à parier qu'un enfant avec un tel prénom, en France, serait sujet aux railleries de ses camarades. Et les Espagnols vont encore plus loin avec des prénoms tels que Miracles (Milagros), Purification (Purificación) ou bien encore Immaculée Conception (Inmaculada Concepción). En Espagne, il y a même des Lourdes (qui se prononce Lourdés) en hommage à la ville éponyme. Un tel prénom serait impensable de notre côté des Pyrénées, d'autant plus qu'en français c'est également un adjectif peu flatteur…

Soledad (solitude) est un prénom courant, de même que Luna (lune), Sol (soleil) et Estrella (étoile). En France, nous avons bien des Vénus, mais la constellation s'arrête là !

Je connais une jeune femme qui s'appelle Dolores Fuertes de Barriga, qui se traduit par : douleurs fortes de ventre ! Difficile à croire que ses parents ne s'en soient pas rendu compte. Remarquez, en France, il y a bien des « Jean Aimar », pour qui la liaison entre le prénom et le nom n'est pas recommandée…

Dans notre hexagone, nous avons quelques prénoms et noms régionaux, surtout dans les extrémités du pays, comme la Bretagne, l'Alsace, la Corse et le Pays basque. En Espagne, le phénomène est encore plus généralisé, et accentué. Un Jordi Pujol, se présentant par son nom, n'a pas besoin d'en dire plus pour faire savoir qu'il est catalan. Iñaki Etxeberria vient à coup sûr du Pays basque. Un Serxio Tareixa est d'origine galicienne, sans aucune équivoque. Et si à cela, on ajoute le nom de la mère comme deuxième référence, la traçabilité de l'individu est encore plus facile.

En Espagne, c'est dis-moi comment tu t'appelles et je te dirai d'où tu viens !

Sachez aussi que Mercedes est non seulement une marque de voiture, mais aussi un prénom chez nos voisins du sud. Vous me direz, en France, nous avons bien des Renaud...

Et pour continuer sur le fil conducteur des noms, un film à ce sujet a connu un immense succès sur les écrans espagnols. Il s'intitule *Ocho appellidos vascos* ce qui signifie : huit noms basques. C'est même le film le plus vu de l'histoire du cinéma ibérique. Son intrigue raconte les péripéties d'un Sévillan qui, pour séduire la famille d'une jeune fille originaire du Pays basque, se fait passer pour l'un d'entre eux, pure souche, ayant jusqu'à huit ancêtres basques. D'où le titre *Huit noms basques*. Une fiction hilarante, déconcertante, pleine de clichés sur le clivage nord-sud à l'image d'un *Bienvenue chez les Ch'tis*, mais dans le fond pas complètement innocente...

En Espagne, c'est aussi dis-moi comment tu t'appelles et je te dirai si je peux t'aimer !

On peut comprendre qu'en restant si proche de sa famille, les possibles causes d'éloignement, si nobles soient-elles comme les causes amoureuses, ne sont pas toujours les bienvenues.

Et je sais de quoi je parle, puisqu'étant marié à une Espagnole, tout se passe bien, car je vis dans la même ville, le même quartier et… le même immeuble que ma belle-famille.

J'ai d'ailleurs coutume de dire que dans l'appartement où je vis, j'ai à droite la vue sur la mer et à gauche la vue sur la belle-mère !

Mais je ne m'en plains pas, il m'a juste fallu un petit temps d'adaptation, pour comprendre ce nouveau mode de fonctionnement. Et pourtant, dès notre mariage, le ton était donné. Alors qu'en France, à la table des mariés, on retrouve généralement leurs témoins ou meilleurs amis, bref des gens du même âge qu'eux, en Espagne, les mariés sont attablés avec leurs parents. Au jour de l'an, fête en général propice à une bonne « bringue entre potes », en Hispanie c'est avec les parents que l'on se retrouve, du moins jusqu'à minuit. Il en est de même pour tous les anniversaires, les fêtes, les veilles de jours fériés, etc.

Oh que oui, en Espagne, c'est vraiment « Famille, je vous aime ! »

Des coutumes si différentes des nôtres

Bien que nous soyons unis grâce à une chaîne de montagnes, celle-ci nous sépare également.

L'Espagne nous est certes voisine, mais c'est un voisin bien différent.

Comme première preuve de cette différence, citons le calendrier. Je vous rassure, le week-end ibérique est bien composé d'un samedi et d'un dimanche et l'année de 365 jours. Mais les jours fériés sont non seulement distincts, mais ils sont aussi célébrés d'une tout autre façon.

Commençons par le réveillon du jour de l'an. Si dans notre hexagone nous nous contentons de nous embrasser et de déboucher le champagne une fois passée l'heure fatidique, les Ibériques ont une coutume bien particulière : ils dégustent un raisin à chacun des douze sons de cloche précédant l'heure fatidique. Cette tradition plus que centenaire doit son origine, paraît-il, à une récolte de raisins prolifique au début du siècle dernier. Afin d'écouler les stocks, les viticulteurs de l'époque proposèrent à chaque Espagnol de manger douze raisins, pour les douze coups de minuit, et ce le 31 décembre. Depuis, cette pratique est devenue une tradition et elle est synonyme de prospérité et de chance.

On connaissait *Les Raisins de la colère* de Steinbeck. En Espagne, il y a les raisins de la chance !

Autre tradition, plus coquine cette fois-ci : le port d'un sous-vêtement rouge pendant le réveillon du jour de l'an, afin d'attirer amour et fortune l'année suivante. Une explication plausible à cette pratique viendrait du Moyen Âge, époque où le rouge, symbole de démon et de sorcellerie, était prohibé pour les classes moyennes et pauvres. Opposé à cet interdit, le peuple pensait justement que le rouge apportait vie et bonne chance. C'est ainsi que les premiers sous-vêtements rouges sont apparus, bénéficiant de leur invisibilité.

Les Italiens ont également adopté cette curieuse tradition du dessous rouge, pour les fêtes de la Saint-Sylvestre.

Juste avant le jour de l'an, précisément le 28 décembre, le calendrier espagnol annonce comme éphéméride : « Jour des Saints Innocents ». Comme son nom pourrait l'indiquer, c'est une journée dédiée aux calembours, surprises et blagues en tout genre, comme l'est notre 1er avril. L'origine historique est bien moins amusante, puisque c'est le jour de la commémoration du massacre ordonné par le roi Hérode Ier de tous les nouveau-nés de Judée, dans le but d'« éliminer » Jésus de Nazareth. Un paradoxe qui fait quand même froid dans le dos...

Peu de temps après le Nouvel An, il y a l'Épiphanie et c'est le jour qu'ont choisi les Espagnols pour s'offrir des cadeaux. Autre distinction avec notre calendrier, l'Épiphanie se célèbre toujours un 6 janvier, que ce soit un dimanche ou un quelconque autre jour de la semaine. C'est une journée fériée pour tout le pays. Bibliquement parlant, les Espagnols sont dans le vrai, puisque les Rois mages apportaient cadeaux et offrandes à l'Enfant Jésus. Alors que notre papa Noël, dans sa représentation actuelle (rouge et blanc), est une invention païenne inspirée par une célèbre marque américaine de boissons...

C'est ainsi que chaque veille de 6 janvier, les villes espagnoles se transforment en décor de carnaval, bien avant l'heure. Des effigies de Gaspard, Melchior et Balthazar défilent sur d'impressionnants carrosses, jetant bonbons et confiseries à profusion, et ce pour le plus grand plaisir des plus jeunes et des moins jeunes.

Les Espagnols étant aussi très taquins, du fait de mon prénom, j'ai droit aux mêmes blagues, année après année : « Alors, Gaspard, pas trop fatigué aujourd'hui à cause de ton travail ? », ou encore « Hé, je t'ai reconnu sur le carrosse ! »

Pendant les fêtes de fin d'année, les Espagnols en profitent pour tenter leur chance... au jeu. C'est ce qu'on appelle le « *Gordo de Navidad* » que l'on pourrait traduire par : le gros lot de Noël. Cette loterie est considérée comme la plus importante au monde, tant par l''ampleur de ses gains que par le nombre de ses participants : plus de 98 % des Espagnols !

Mais c'est surtout son mode de fonctionnement, très atypique, qui en fait sa particularité. Chaque billet correspond à un numéro à cinq chiffres et il est émis en plusieurs séries d'une valeur totale de deux cents euros. Chaque série est composée de dix sous-billets détachables (dits *décimos*), portant tous le même numéro et d'une valeur de vingt euros chacun. Ce format du « dixième de billet » est le format le plus communément acheté ; il permet d'obtenir 10 % du gain annoncé pour la série lors du tirage.

Vous avez compris le fonctionnement ?

Moi non plus ! Et pourtant, cela fait vingt ans que j'essaye.

Plus de 10 000 numéros sont donnés gagnants chaque année. Le tirage au sort est retransmis en direct par tous les médias du pays. Il dure des heures et s'apparente davantage à un loto de quartier qu'à un tirage de l'Euro Millions.

Et tous les ans, c'est la même histoire : associations en tout genre, entreprises, familles, se mobilisent en masse pour acheter et revendre ces *décimos*. Et si d'aventure l'un des prix tombe, le gain est partagé entre tous, ce qui donne une saveur particulière à cette loterie si populaire.

Le conte de fées s'est produit maintes fois, et récemment encore en 2006, dans la ville de Vic, en Catalogne, où les 1 800 habitants ayant acheté un dixième du premier billet gagnant se sont vus empocher la coquette somme de 300 000 euros chacun !

Si les Espagnols peuvent être unis dans le gain, ils le sont beaucoup moins devant le calendrier. Chaque région, province et parfois même ville, possède ses propres jours fériés, ce qui est un véritable casse-tête pour l'Éducation nationale, chargée d'harmoniser les calendriers scolaires. Ainsi, on va travailler un jeudi saint en Catalogne alors que ce jour est chômé à Madrid, mais les Catalans se rattrapent sur le lundi de Pâques, qui est férié alors que dans la capitale espagnole, on travaille ce jour-là. Même topo pour les fêtes de carnaval : pour certains, c'est Mardi gras qui est chômé, pour d'autres, c'est le lundi qui a été choisi, et pour d'autres encore, c'est toute la semaine !

Le calendrier ibérique possède de jolis paradoxes. L'Espagne est un pays très catholique, ça tout le monde le sait, mais le jeudi de l'Ascension et le lundi de Pentecôte n'y sont pas fériés, à l'inverse de la France qui clame haut et fort sa laïcité. En revanche, le 8 décembre, jour de l'Immaculée Conception, personne ne travaille de l'autre côté des Pyrénées alors qu'en France, ce jour est ignoré de beaucoup. Même sort pour le 25 juillet, jour de la Saint-Jacques, ou le 19 mars jour de la Saint-Joseph, qui sont fériés en Espagne.

Le fait est que chez nos voisins ibériques, voyez-vous, on aime beaucoup les saints. Et on les aime tellement que les fêtes, au sens premier du terme, sont bien plus célébrées que les anniversaires. Vous me direz, quand on a cinq Carmen ou Juan dans la même famille, le jour de ces éphémérides, on a forcément de bonnes raisons de faire la fête !

Les vacances scolaires des élèves espagnols sont également bien différentes des nôtres. Ici, pas de repos pour la Toussaint, ni de vacances de février. On se rattrape avec les vacances d'été, qui commencent plus tôt qu'en France pour se terminer plus tard. Cela fait quand même d'interminables trimestres, parole de parent d'élèves !

Une autre distinction notable avec notre rythme journalier est l'heure des repas. En Espagne, on déjeune au plus tôt à 14 heures, et en conséquence, on ne dîne jamais avant 21 heures… souvent 22 heures, parfois 23 heures et même en semaine.

Comme je l'évoquerai plus en détail dans ce livre, on comprend pourquoi les Espagnols dorment si peu, car il est bien difficile de trouver le sommeil le ventre plein.

Un restaurateur de la Costa Blanca m'a raconté une anecdote amusante à ce propos. Comme beaucoup de confrères pendant la saison estivale, il double ses effectifs. Mais ce n'est pas uniquement, comme on pourrait le croire, à cause d'une recrudescence de clientèle. C'est avant tout pour s'adapter au rythme de chacun : à midi, les Anglais pointent le bout de leur nez, suivis de près par les Allemands et un peu plus tard par les Français. À 13 h 30 c'est au tour des Italiens, puis à partir de 15 heures les Espagnols arrivent et ils prolongent leur repas souvent jusqu'à 18 heures… coïncidant ainsi avec les Anglais qui déboulent à nouveau dans son restaurant, mais pour dîner cette fois-ci.

Pour notre ami restaurateur, c'est du non-stop de midi à minuit !

J'ai choisi ce chapitre sur les coutumes « si différentes des nôtres » pour évoquer le sujet « si » controversé de la tauromachie. Si vous habitez du côté d'Arles ou de Bayonne, la corrida n'est pas inconnue pour vous. En revanche, si vous lisez ce livre depuis l'Alsace ou le Pas-de-Calais, vous y êtes certainement un peu moins familiarisé.

La tauromachie est une tradition culturelle espagnole, et c'est peut-être même « sa » plus importante tradition culturelle. Elle est viscéralement liée au patrimoine de l'Espagne, qu'on le veuille ou non.

Sur tous les grands axes routiers ibériques se trouvent de gigantesques représentations de taureaux de combat, vous rappelant l'importance de cet animal dans la culture du pays que vous traversez.

C'est d'ailleurs ce même taureau qu'on l'on voit parfois sur les drapeaux espagnols, tant il est un symbole fort pour cette nation.

N'importe quelle ville ou n'importe quel village d'Espagne possède ses propres arènes. On en dénombre plus que de salles de cinéma, c'est dire la préférence pour ce type de spectacles.

Les bars, restaurants ou autres lieux publics espagnols ont bien souvent leurs murs ornés de représentations taurines.

Les toreros sont ici aussi connus que les footballeurs (et c'est peu dire...), qu'ils soient vêtus en habit de lumière, ou en habit de ville.

En Espagne, c'est la ola du olé !

Art pour certains, boucherie pour d'autres, là commence la polémique.

Polémique que je ne vais pas développer, car ce n´est pas mon propos. Mon but étant de vous faire comprendre, en grandes lignes, pourquoi la tauromachie est si importante dans la culture espagnole. À défaut de vous la faire aimer...

Tout d'abord, ce qu'il faut savoir, c'est que le principal protagoniste de la corrida est le taureau. Il est certes voué à une fin certaine à la fin de son combat (sauf si le jury, influencé par le public, en décide autrement).

Ce taureau de combat, que l'on appelle ici « *toro bravo* » comme pour souligner son courage (*bravo* signifiant brave dans le sens courageux) est issu d'une caste, c'est-à-dire une race fondatrice, fruit d'une généalogie bien respectée. Aujourd'hui, on compte 180 000 taureaux de combat, issus de cette caste, et tous méticuleusement recensés dans un registre généalogique. Une sorte de « bottin mondain » taurin.

On connaissait le sang « bleu » pour les nobles, sachez que celui des taureaux l'est aussi !

Il faut remonter six siècles pour arriver jusqu'à la base de cette généalogie. Et c'est, somme toute, très peu de temps pour un nouvel animal, quand on sait que la plupart des espèces sauvages existent depuis des milliers, voire des millions d'années.

À cette époque, le pays vit son apogée culturel, politique et économique, c'est le temps des Rois catholiques. Nous sommes au XVe siècle, dit Siècle d'or de l'Espagne. Le peuple réclame du pain et des jeux et les premiers spectacles taurins font leur apparition. Leur protagoniste est un animal sauvage de l'espèce du *Bos taurus ibericus*, issu de la famille des bovidés et cousin du bison, buffle, zébu ou encore yak.

L'aspect, la force et la bravoure de l'animal fascinent tout un peuple.

Une légende est née.

Quand on sait qu'un *toro bravo*, c'est en moyenne cent quarante centimètres au garrot, deux mètres de périmètre thoracique, cinq cents kilogrammes de muscles et deux magnifiques cornes parfaitement aiguisées, il y a de quoi être impressionné.

Mais davantage que sa corpulence, c'est l'impression de force dégagée par cet animal qui retient l'attention.

Le taureau de combat est certes aidé par son métabolisme, mais la façon dont il est élevé y est également pour beaucoup. Jusqu'à son entrée dans l'arène (en général à quatre ou cinq ans), le *toro bravo* suit un traitement particulier, avec un régime alimentaire adapté, dans les hectares de prairies qui lui sont réservés en exclusivité.

Et c'est d'ailleurs l'argument principal des *aficionados* : sans la corrida, l'élevage du taureau de combat n'existerait pas, et si on l'interdit, elle n'existera plus...

Il est aussi intéressant de remarquer que le taureau, de combat ou pas, a de tout temps fasciné les civilisations. On le retrouve sur les préhistoriques murs des grottes de Lascaux, en Crète dans le temple de Minos et il est aussi au cœur du culte de Mithra de la Rome antique.

En tout cas, en Espagne, et de nos jours, le taureau continue de fasciner, qu'il soit représenté sur une autoroute (alors qu'à l'origine, c'est une publicité pour une boisson) ou dans un bar à tapas.

L'autre protagoniste de la corrida, c'est bien entendu le torero, qu'on appelle aussi et peut-être plus justement : *matador*, ce qui signifie tueur en espagnol. Comme pour rappeler qu'il est chargé d'une mise à mort.

Jadis considérés comme des dieux vivants, ils sont descendus de leur piédestal, au fur et à mesure que les opposants aux corridas sont apparus. Depuis quelques décennies, les associations anti-taurines s'organisent et se multiplient. La plupart sont motivées par la cause animalière, mais fait nouveau, en Espagne elles ont vu joindre leur rang par les indépendantistes, et ceci pour des raisons politiques. Catalans et Basques séparatistes voient en la tauromachie un symbole de l'Espagne et de l'impérialisme madrilène, dont ils revendiquent toute leur différence. Ainsi, en 2010, le parlement catalan a tout bonnement interdit sur son territoire toute manifestation taurine.

Mais nouveau rebondissement, puisqu'en 2016, le tribunal constitutionnel espagnol a annulé l'interdiction des corridas en Catalogne, considérant que cela portait atteinte aux compétences de l'État. Car depuis 2013, la corrida en Espagne, suivant l'exemple de la France, est déclarée patrimoine culturel. Mais depuis, la France a retiré la corrida de son patrimoine culturel immatériel.

Bref, nous n'en sommes pas à un rebondissement près et le feuilleton taurin n'est pas prêt de se terminer.

Il est aussi intéressant de souligner que la corrida fait partie intégrante du langage espagnol, inspirant d'innombrables expressions.

On dira par exemple : « Tu es en train de me toréer » pour signifier à quelqu'un qu'il se fiche ouvertement de soi. Ou bien encore : « Le taureau va nous attraper », pour mettre en relief la nécessité d'accélérer une action. Notre « donner un coup de main » se traduit en castillan par « *echar un capote* » signifiant « jeter la cape au torero ». Au passage, pour les gaffeurs, attention aux faux-amis : *capote* se traduit par cape, et pas autre chose...

Pour encourager quelqu'un à faire quelque chose de dangereux, on va lui dire : « Bonne chance et va au taureau », ce qui est bien explicite. On dit aussi : « Je me suis jeté dans l'arène », pour expliquer que l'on a fait quelque chose de valeureux. Si vous entendez des Espagnols s'exclamer : « Torero, torero ! », ne cherchez pas aux alentours un matador vêtu d'habit de lumière. C'est tout simplement devenu une expression commune pour complimenter quelqu'un, faire son éloge, le féliciter.

Mais la référence la plus célèbre à la tauromachie est sans doute le mot « *faena* », employé à tout bout de champ. La *faena*, dans le langage commun ibérique et sorti du contexte tauromachique, signifie malchance, mauvais sort. En d'autres mots, quelque chose de très négatif. On l'accompagne souvent d'un article tel que : « *Que faena* ! » Peut-être que la vraie signification d'une *faena*, le troisième acte d'une corrida juste avant l'estocade fatale, est pour beaucoup dans l'explication de cette expression.

Mais nous, Français, après tout, nous avons aussi notre lot d'expressions taurines : « Il faut prendre le taureau par les cornes » ou encore « On m'a mis des cornes ».

Les Pyrénées ne sont pas une chaîne de montagnes si infranchissable !

Si le taureau n'est pas le seul protagoniste de la corrida, il l'est pour bien d'autres fêtes qui rythment le calendrier ibérique. Il y a bien entendu les fameux *encierros* des fêtes de Pampelune, dont je reviendrai plus en détail dans ce livre. Et il y a aussi le cruel et non moins populaire : *toro embolado* (taureau boulé). Le cérémonial consiste à placer deux boules de feu sur les cornes d'un taureau. La fête se produit le plus souvent sur la place d'un village avec une foule en liesse et à la nuit tombée afin d'apprécier la pyrotechnie des boules de feu. L'animal, bien souvent désemparé, et très certainement stressé, en profite parfois pour asséner de violents coups de corne aux obstacles qui se trouvent sur son passage, y compris humains.

En France ou dans bien d'autres pays, on ne permettrait pas ce genre de spectacle.

Oui mais voilà, nous sommes en Espagne, et cette tradition centenaire a bien des adeptes.

Même si certaines associations de défense animale ont réussi à le faire interdire dans quelques provinces, le feu du *toro embolado* n'est pas prêt de s'éteindre. Le combat continue.

Après cette parenthèse taurine, dansons maintenant.

L'Argentine a son tango, le Portugal son fado, la Grèce son sirtaki, l'Autriche sa valse, l'Amérique son rock and roll... et l'Espagne a son flamenco.

C'est bien évidemment un autre cliché du pays, mais il est incontournable et intimement lié à la culture espagnole.

Le flamenco est même inscrit depuis 2010 au patrimoine culturel immatériel de l'humanité de l'UNESCO. Excusez du peu.

Pour danser le flamenco, il suffit de peu de chose : à défaut d'un guitariste, une caisse qui résonne, et un danseur ou une danseuse. Énoncé comme cela, cela semble facile. Mais l'art du flamenco réside, entre autres, dans l'utilisation de toutes les parties de son corps : mouvement de poignets, de bras, de jambes, de hanches, claquement de doigts, de pieds, de mains (*palmas*), tout y passe ! Il suffit de voir l'état de transpiration d'un danseur après une chorégraphie pour se rendre compte de l'énergie déployée et de son intensité. Intensité qui frôle parfois l'état de transe absolue. La plupart des danses et des chants sont improvisés et peuvent se prolonger des heures entières, suivant l'humeur des protagonistes.

Je me répète, mais tout cela est si latin, si chaleureux, si folklorique. En résumé, si espagnol.

Le flamenco est né en Andalousie il y a trois siècles et ce sont les Gitans du sud de l'Espagne qui l'ont popularisé. Les plus grands danseurs de flamenco sont d'ailleurs tous d'origine gitane.

Il existe plusieurs théories pour expliquer l'origine du mot flamenco. L'une d'entre elles est liée au flamand rose (*flamenco* en espagnol), l'aspect et le langage corporel de la danse rappelant celui des échassiers. Une autre hypothèse évoque la Flandre belge comme source d'inspiration pour baptiser cette danse. L'empereur Charles Quint est né en Flandre, et à son arrivée en Espagne, certaines danses en son honneur, donc « pour le Flamand », ont été inventées. On dit aussi que les Andalous appelaient les Gitans : *Flamencos*, parce qu'ils avaient combattu en nombre dans l'armée de Flandre.

Qu'importe l'origine du nom. Que cette danse est belle !

Je vais un peu « plomber » le ton qui se veut amusant de ce livre, mais comme je suis bien décidé à n'épargner aucun sujet, il faut bien évoquer à un moment donné, celui… de la mort. Les Espagnols enterrent bien, comme nous, leurs défunts dans des cimetières, mais la différence se trouve juste avant. Le dernier adieu des proches se fait systématiquement dans un funérarium (*tanatorio* en espagnol). C'est un endroit feutré, en général situé dans un écrin de verdure, et ils ne sont jamais médicalisés. Ce ne sont donc ni des morgues, ni des instituts de soins palliatifs. Techniquement, ils servent vraiment pour le post mortem, mais avant la mise en boîte ou en cendres, si je puis m'exprimer ainsi. On trouve dans ces *tanatorios* de quoi acheter des couronnes, mais aussi de quoi se procurer des services d'assistance juridique et des aides psychologiques. C'est un vrai « *one-stop-shop* » spécialisé. Peut-être devrais-je écrire : « *one-last-stop-shop* »…

Pour la sémantique, le mot *tanatorio* vient du grec Thanatos, héros de la mythologie et personnification de la mort non violente. Pour éviter de prononcer *tanatorio* et cette signification sans appel, on parle plus communément de « chapelle ardente » pour désigner l'endroit où se trouve le défunt. Je rappelle qu'il n'y a pas eu encore de schisme entre l'Église et l'État, en Espagne. À part ce fait, pas d'autres différences notables avec notre société française, pour ce qui est des traditions funéraires.

Après cette triste parenthèse, que diriez-vous d'une accolade réconfortante ?

C'est la façon qu'ont choisie les Espagnols pour se saluer ou se dire au revoir, alors qu'en France, on préfère généralement se serrer la main ou s'embrasser.

En Espagne, la poignée de main est aussi de mise et on s'embrasse aussi, mais dès que l'on devient intime, c'est la chaleureuse accolade qui est préférée. On l'appelle l'*abrazo*.

Au téléphone, on prend congé d'un ami en prononçant les mots « Une accolade ». On signe même ses e-mails ou ses lettres en écrivant « *Un abrazo* » ou « *Un fuerte abrazo* », qui se traduit par « Une forte accolade ».

Curieuse pratique, non ?

Mais plutôt sympathique et tout à fait à l'image des Espagnols : affectueux et... tactiles !

Et puisque nous sommes dans l'affectif, restons-y. Si l'Espagnol place sa famille au-dessus de tout, les amis viennent juste après. À l'inverse du Hollandais, du Britannique et même du Français, on peut difficilement affirmer que l'Espagnol soit un grand voyageur. La plupart des Ibériques vivent ou reviennent dans leur ville de naissance, si d'aventure ils l'ont un jour quittée. Cela pour être proche de leur famille, comme je l'évoquais précédemment, mais également pour garder le contact avec leurs amis et vieillir avec eux...

Dans ce contexte, faire durer une amitié est plus facile, car comme pour toute relation, une amitié, ça s'entretient et ça se travaille. Les anniversaires, *santos* (fête du saint), carnavals, fêtes locales sont autant d'occasions pour se rassembler entre amis. Jusque-là, pas beaucoup de différence avec nous, Français, si ce n'est sur la façon de se rassembler. En Espagne, en général, les fêtes entre copains se font... entre copains ! Pour mieux me faire comprendre, je vais féminiser la phrase : les fêtes entre copines se font... entre copines !

Vous l'avez compris, chez nos voisins ibériques, quand on sort avec ses amis, on ne mélange pas les sexes. C'est quand même une différence majeure avec nos coutumes françaises, pour qui les fêtes unisexes se limitent en général aux enterrements de vie de garçon ou de jeune fille.

Personnellement, à mon arrivée en Espagne, j'étais un peu surpris par cette coutume. D'autant plus que n'étant pas un « régional de l'étape », il m'a fallu du temps pour m'intégrer dans un groupe d'amis, ayant l'habitude de se voir depuis sa plus tendre enfance. Mais comme les

Espagnols sont très accueillants, j'ai réussi à « m'incruster » sans trop de mal. Le non-mélange des genres m'a également beaucoup surpris, mais avec le temps, je me suis rendu compte que ce n'était pas plus mal de sortir avec ses copains, pendant que sa femme en fait de même avec ses amies. Non pour des raisons d'éventuelles infidélités (loin de là cette idée : restons purs !), mais tout simplement parce que les sujets de conversation entre femmes et hommes n'ont rien à voir ! D'ailleurs lors de repas « mixtes », il suffit de voir la répartition des convives pour confirmer mon propos. Même si au début il y a un effort d'équité, très rapidement les hommes se mettent avec les hommes et les femmes en font de même.

Alors peut-être que les Espagnols sont en avance sur nous, à ce sujet… À méditer.

Typique taverne espagnole sous le regard de *toros bravos* et avant que les Anglais, Français, Italiens et Espagnols envahissent les lieux tour à tour...

La langue de Cervantes

En avant-propos, un peu d'histoire, cela ne fait jamais de mal. On utilise souvent l'expression : « la langue de Cervantes » pour se référer à l'espagnol. Qu'avait donc cet auteur de si génial, pour qu'on lui associe le poids de tout un langage ?

Cervantes, c'est d'abord l'auteur de *L'Ingénieux Hidalgo Don Quichotte de la Manche*. Ça, on le sait tous. D'ailleurs, ceux qui ont choisi l'espagnol comme langue étrangère ont forcément planché, un jour ou l'autre, sur les histoires rocambolesques de son longiligne héros. Pour ceux qui n'ont pas pris espagnol comme langue étrangère, sachez que ce roman fait partie des livres les plus lus au monde. Il conte l'histoire d'un pauvre hidalgo (c'est-à-dire un gentilhomme), qui se prend pour un chevalier errant (Don Quichotte), missionné pour parcourir l'Espagne, afin de combattre le mal et protéger les opprimés.

Accompagné d'un naïf paysan, Sancho Panza, dont la principale préoccupation est, comme son nom l'indique, de se remplir la panse, Don Quichotte voit dans la moindre auberge un château enchanté, prend les filles de paysans pour de belles princesses et les moulins à vent pour des géants envoyés par de méchants magiciens.

Un vrai régal de roman médiéval, mais ingénieusement très ironique vis-à-vis des ouvrages du même genre.

C'est entre autres à Don Quichotte et son fameux auteur que l'on doit l'expression : « Je me bats contre des moulins à vent ».

Cervantes, Miguel de son prénom, avant d'écrire ses œuvres à succès a lui aussi connu une vie chevaleresque. Participant à la fameuse bataille de Lépante, il y perdit l'usage de sa main gauche. Puis fut capturé et mis en prison à Alger pendant de nombreuses années. Il essaya de s'échapper à plusieurs occasions, mais sans réussite. Pour éviter des représailles sur ses compagnons de captivité, il assuma la totale responsabilité de ses tentatives d'évasion, préférant la torture à la délation. Avec le récit de sa vie, on comprend mieux pourquoi les Espagnols ont fait de Miguel de Cervantes leur héros.

Pour en revenir à l'espagnol, ou langue de Cervantes donc, ce que l'on sait moins c'est qu'elle est issue du latin vulgaire, c'est-à-dire d'un latin populaire. En se diffusant largement dans le royaume de Castille (nord de la péninsule ibérique), le dialecte est devenu le castillan. Avec l'expansion colonialiste de l'Espagne à partir du XVe siècle, le castillan s'est répandu sur tout le continent américain, devenant la troisième langue la plus parlée aujourd'hui, uniquement devancée par l'indétrônable mandarin et l'indispensable anglais.

Et si le castillan est l'un des langages les plus parlés au monde, c'est aussi parce que les Espagnols, après l'avoir répandu, ont su le préserver, notamment des « attaques » de l'anglais.

En Espagne, on dit fin de semaine et jamais week-end. Le prince héritier d'Angleterre s'appelle Guillermo pour les Espagnols et non William. Si vous demandez un hot dog employez les termes « *perrito caliente* », littéralement : petit chien chaud. Ici, on parle d'orgueil gay et non de gay pride. Même sort pour les titres de films américains, qui sont systématiquement traduits. C'est ainsi que *Police Academy* est devenue sur les écrans ibériques *L'Académie de police folle* ou que le nom du groupe britannique UB40 (UB forty) se prononce UB *cuarenta* de l'autre côté des Pyrénées.

Si ces traductions sont nécessaires pour préserver la langue, elles peuvent parfois générer des situations cocasses, comme dans le cas du groupe irlandais U2, dont le nom joue sur les mots (*you too* = toi aussi) et qui perd tout son sens avec sa traduction en castillan : U *dos* !

Je suis passé pour un ignare la première fois que j'ai dit à un ami espagnol que je ne connaissais pas le groupe Udos… avant de comprendre quelques semaines après qu'il s'agissait en fait de U2.

Savoir parler l'espagnol est donc très utile de nos jours. Seulement voilà, tout n'est jamais si simple chez nos amis ibériques… Et au Pays basque, on apprend à l'école prioritairement le basque (l'euskera). Il en est de même pour le catalan en Catalogne, le majorquin aux Baléares, le valencien dans la région de Valence et le galicien en Galice. Quand on sait que l'école publique ou semi-privée est financée par le gouvernement local, on comprend que la tendance n'est pas prête à s'inverser, bien au contraire. De ce fait, une partie chaque fois plus importante de la population espagnole est bilingue, maîtrisant le castillan et la langue de sa région.

Revenons à la langue de Cervantes, pour vous conter quelques anecdotes amusantes, fruits de mon expérience de Franchouillard.

Le français est certes un cousin de l'espagnol, mais ne pensez pas que « Carmen sort la poubelle » se traduit automatiquement par « *Carmen sorta la poubela* ». Il y a même des faux-amis, dont il faut se méfier. Par exemple le verbe *pisar* veut dire : marcher sur et pas autre chose. Mon fils, qui parle basque à l'école, puis castillan aves sa mère, ne me parle qu'en français. C'est le pacte que nous avons fixé dès sa naissance. Mais trois langues, c'est beaucoup et le pauvre garçon fait parfois d'étranges mélanges prêtant à confusion.

Ainsi, alors que je me promenais à ses côtés sur un trottoir, je trébuchai, piétinant l'asphalte de la route. Mon fils m'interpella en ces termes : « Mais papa, fais attention, ne pisse pas sur la route ! » Il voulait bien entendu me signifier qu'il ne fallait pas que je marche sur la route… Il suffit d'un mot pour que le sens change du tout au tout.

Une autre fois, alors que je lui demandais de dire au revoir poliment à l'une de ses copines venue jouer à la maison, quel ne fut pas mon étonnement quand il me répondit : « C'est bon, papa, je l'ai déjà baisée… » *Besar* signifiant faire la bise, bien sûr. Il n'avait que sept ans au moment des faits. Je veux bien que les Espagnols soient précoces, mais quand même.

Spécialiste des gaffes, je me suis attiré les foudres de parents quand, dans un parc d'enfants, je leur demandai si quelqu'un avait aperçu le *pezón* de ma fille. Je voulais en fait dire la *peonza*. *Peonza* = toupie alors que *pezón* = mamelon. À quoi pensais-je donc ce jour-là ?

Revenant d'une partie de tennis acharnée, je m'étais fait mal à la hanche, la faute à un smash trop appuyé. Ma femme se moqua bien de moi, lorsque je lui dis que la *caldera* me faisait souffrir. La *caldera*, c'est la chaudière, c'est *cadera* qui veut dire hanche. Parfois, il suffit même d'une seule lettre pour changer le cours d'une phrase.

Ma hanche ne me fait plus mal, mais il m'est désormais impossible d'évoquer devant mon épouse les mots *caldera* ou *cadera* sans qu'elle se moque à nouveau de moi.

Le français et l'espagnol sont tout de même cousins et l'on retrouve de jolies anagrammes d'une langue à l'autre, comme le mot *mueble* qui signifie meuble en espagnol. Attention quand même à d'autres faux-amis : « *Me troncho* » signifie « Je suis mort de rire » en espagnol. Si vous francisez l'expression, c'est-à-dire « Je me tronche », cela ne veut plus dire grand-chose… Ou plutôt cela veut dire quelque chose, mais avec un tout autre sens…

Autre fait marquant, les mots dans la bouche des Ibériques ont toujours une forte tendance à s'allonger. Ainsi les *fenomenallllll, estupeeendo, maravilloooso, que biennnn, geniaaaallllll,* ponctuent la plupart des phrases. Que dire des commentateurs radiophoniques de football dont la célébration d'un but peut prendre plusieurs minutes : *goool-goool-gooooool-ggoooooooolllllllllll-go-go-gollll-golll,* avant que l'on sache qui a mis le but.

Les mots tout seuls ont aussi tendance à s'allonger pour marquer une accentuation. C'est ainsi qu'un « bon » (*bueno* en espagnol) devient *buenísimo* pour signifier : super bon. Un *gol* (but) deviendra *golazo,* si c'est un joli but. Quelque chose de mauvais : *malo* se transforme en très mauvais avec un *malísimo.*

C'est une forme de déclinaison intelligente et facile à appréhender.

Et c'est tellement « chaud » et latin, à l'image des Ibériques.

Pour ce qui est des expressions, les Espagnols ne sont pas en reste. Quand je suis arrivé ici, j'ai rapidement pensé que j'allais avoir beaucoup de succès, car de nombreuses filles au lieu de m'appeler par mon prénom, m'interpellaient en disant *guapo,* ce qui veut dire beau. J'ai déchanté quand j'ai compris que ce n'était qu'une expression très répandue... C'est un peu l'équivalent de « mon beau » en France. Dommage pour mon ego.

Les Espagnols ont le sang chaud et ils jurent également beaucoup. Le mot *joder* que l'on pourrait traduire par « ça fait chier », mais qui en fait veut dire « baiser » (mais pas dans le sens de la phrase de mon fils...), est parfois synonyme de virgule dans la bouche de certains, tellement il est utilisé. Il en est de même pour *coño* ou *cabrón*, autres jolies insultes fleuries.

Si en France, on risque de se retrouver avec un poing dans la figure si l'on traite quelqu'un de fils de put..., l'équivalent espagnol « *hijo de puta* » est beaucoup plus toléré.

À peine arrivé en Espagne, je fus surpris de recevoir un sympathique : « *hijo de puta* » d'un copain que j'avais invité chez moi, et qui par cette expression me signifiait que j'avais beaucoup de chance de vivre dans un tel appartement...

Il vaut mieux être averti de certaines choses parfois.

Même si vous êtes une femme, on peut vous interpeller avec le mot *hombre*, qui veut dire homme. C'est une expression très usitée, que l'on pourrait traduire par « tiens », « ça alors », « dis donc », « et comment ». Exemple : mon ami qui était venu visiter mon appartement aurait pu me dire : « *Hombre, que bonito apartamento* », ce qui pourrait se traduire par « Dis donc, quel bel appartement ».

Mais non, il a préféré me traiter très affectueusement de *hijo de puta*...

Dis donc, *hombre*, que j'aime ce pays !

L'espagnol est une langue sans exceptions ou presque, car le cauchemar des hispanisants est bien souvent concentré sur le verbe « être », qui se dit « *ser* » ou « *estar* » selon le contexte. Et pour vous donner un aperçu des confusions, prenons un exemple des plus communs : le mot « bonne », employé de nos jours davantage pour qualifier une jeune fille que pour se référer à une domestique, a son équivalent en espagnol, c'est : *buena*. Si vous dites « *Esta chica es buena* », cela signifie que cette fille est gentille. Par contre, si vous dites : « *Esta chica está buena* », alors vous dites qu'elle est super bonne au sens « jeune » du terme. Mieux vaut donc ne pas se tromper de verbe être...

Dans le premier chapitre, j'évoquais l'importance du foyer familial dans la société espagnole. Pour vous donner un exemple tout à fait caractéristique, sachez que « chez moi » n'a pas de traduction en castillan. Ou plutôt si, on peut le traduire, mais en disant : *casa*, qui veut dire maison ou foyer.

Ainsi, à la question « Où es-tu ? », on répondra : « *Estoy en casa* », c'est-à-dire je suis à la maison, je suis chez moi.

Autre expression caractéristique du savoir-vivre espagnol, la référence quasi permanente à « *la calle* », c'est-à-dire à la rue. Même si les Espagnols aiment leur foyer, ils aiment aussi beaucoup sortir et cela se traduit par « *ir a la calle* ». Curieusement, on dira également « *Estoy en la calle* » pour dire que l'on est au chômage. C'est un peu comme notre « Je suis à la rue », même si notre expression a une signification bien plus large que son homologue espagnole.

Une autre différence fondamentale avec le français est l'utilisation presque généralisée du tutoiement. Il n'y a guère plus que les politiques qui utilisent le vouvoiement lorsqu'ils débattent à la télévision, alors qu'ils se tutoient copieusement en privé. Mais après tout, de ce point de vue là, il n'y a pas de grande différence avec la France.

Le vouvoiement en Espagne est une marque de respect, mais aussi une marque de distance. J'ai remarqué, en observant les Espagnols, qu'ils préféraient se disputer en se vouvoyant, plutôt qu'en se tutoyant. La distance est clairement affichée en s'adressant à quelqu'un par « *Usted* » plutôt que par « *tú* ». Ce « *Usted* », que l'on écrit aussi « *Vd.* », est la contraction de « *Vuestra Merced* » qui signifie littéralement : votre seigneurie.

C'est tout de même bizarre de se disputer avec quelqu'un en le traitant de « votre seigneurie ».

Oh que oui, *Spain is different* !

Le football étant l'autre passion des Espagnols, avec la corrida, il a aussi su faire de belles incursions dans la dialectique ibérique. Ainsi, pour décrire un couple qui va se marier après avoir eu un premier enfant, on dit en espagnol littéralement qu'ils se marient en penalty. Je laisse libre cours à votre imagination pour deviner l'origine de cette expression.

Si quelqu'un réussit à vous jouer un tour, on dira qu'il vous a mis un but. Et enfin si vous avez envie de couper court à une discussion le « minute et résultat », emprunté des terrains verts, aura toute sa signification.

Il y a d'autres expressions espagnoles qui méritent vraiment le détour linguistique, comme le magnifique : « Il a une étoile placée dans ses fesses », pour décrire quelqu'un qui a vraiment beaucoup de chance. Il y a aussi le superbe : « On était peu nombreux et en plus la grand-mère a accouché » pour signifier qu'une situation s'aggrave de plus en plus. L'expression « Il est de la jaquette » a son équivalent en espagnol et c'est le délicieux : « Il perd de l'huile » (*pierde aceite*). Allez également savoir quelle est l'origine de l'expression ?

Si vous n'avez jamais planché sur Cervantes, je vous encourage à apprendre cette langue fascinante qu'est l'espagnol. Mais pas simplement pour lire Don Quichotte ou pour commander un *Cuba libre* !

On dit souvent qu'apprendre une langue étrangère, c'est apprendre une nouvelle façon de penser. Alors, avec un peu de pratique et en évitant quelques contresens, en parlant leur langage vous comprendrez mieux comment fonctionnent les Ibériques.

Miguel de Cervantes, représenté au musée de cire de Madrid avec en toile de fond Don Quichotte, Sancho Panza et les fameux moulins à vent.

Les Espagnols et le travail

C'est un vaste sujet, mais ce titre ne se veut, en aucune façon, ironique.

En Espagne, lorsque l'on a la chance d'avoir un travail, on « bosse » dur, et ce pendant de longues années. L'âge de la retraite est officiellement fixé à 65 ans et des projets de rallongement jusqu'à 68 ans sont en cours.

Difficile à croire quand on pense qu'en France, nous descendons dans la rue pour sauver une retraite acquise après 62 printemps…

De l'autre côté des Pyrénées, nous sommes également bien loin des trente-cinq heures, des cinq semaines de congés payés et de nos lois « intouchables » sur l'aménagement du travail. L'Espagnol travaille quarante heures par semaine et a droit à quatre semaines de vacances, et pas une de plus. En cumulé, cela fait beaucoup plus d'heures que dans notre hexagone, sauf peut-être quand viennent les beaux jours. Les Espagnols étant les « géniaux » inventeurs de la journée continue, qui consiste à travailler d'une traite de 8 heures à 15 heures sans pause déjeuner, et ceci de mi-juin à mi-septembre. Les hautes températures régnant sur la péninsule en été sont les responsables de cet « aménagement » du temps de travail.

À l'image de ce qui se passe en Italie, il y a un fossé entre les régions nordistes et celles du sud. Pour illustrer la répartition des moteurs économiques ibériques, une allégorie sportive, si chère aux Espagnols. Imaginez la péninsule comme une équipe de football avec ses deux attaquants de pointe : la Catalogne et le Pays basque. Au milieu, un peu en retrait et en renfort, se trouve Madrid. Le triumvirat a une puissante force de frappe, puisqu'il représente à lui seul les trois quarts de la richesse du pays... Heureusement que la France, avec la chaîne des Pyrénées, possède un solide gardien de but !

Le maillon faible est sans aucun doute la défense, représentée au sud par l'Andalousie. Elle est certes la région autonome la plus peuplée d'Espagne, mais elle possède également un autre triste record, celui du plus fort taux de chômage. Heureusement que son agriculture et son attrait touristique viennent un peu sauver la mise.

Le tourisme, justement, c'est la véritable locomotive économique ibérique.

La France, avec ses 85 millions de visiteurs annuels, peut se targuer d'être le pays le plus visité au monde... Mais, désolé, c'est l'Espagne qui engrange le plus de devises grâce à ses touristes. On peut parfois ne passer qu'une nuit en France (en transit vers un autre pays), mais quand on va en Espagne, c'est pour y passer ses vacances.

Des plages de la Costa del Sol, jusqu'aux pistes de ski des Pyrénées, en passant par les îles des Canaries, Ibiza, Majorque, le pays a de quoi offrir à ses touristes.

Qu'on se le dise, le tourisme est le présent et le futur de l'Espagne.

Car le passé proche est bien lourd à porter. Le pays sort d'une crise économique et financière sans précédent. Jusqu'à peu, l'autre moteur économique de la péninsule, était « la brique » (*el ladrillo* en castillan). Ce secteur a dopé l'économie pendant la décennie 2000, avec la construction de centaines de milliers de logements et un afflux massif de travailleurs, venus principalement d'Amérique latine. Travailleurs qui sont venus grossir les statistiques du chômage, une fois la bulle éclatée.

Un exemple des plus significatifs fut le défunt projet d'Eurovegas. Un magnat américain, Sheldon Adelson, propriétaire d'hôtels à Las Vegas, envisageait de reproduire le même concept en Europe. L'heureuse élue était la région de Madrid, grâce à la douceur de son climat et la souplesse de sa législation sur l'emploi. Les chiffres annoncés donnaient le vertige : douze hôtels, six casinos, des centaines de milliers d'emplois pour vingt-deux milliards d'euros d'investissement, qui iront finalement... en Asie ! La faute aux exigences du magnat qui souhaitait une exception de la loi, pour permettre à ses futurs clients de fumer dans ses établissements. Le jackpot promis s'est envolé en fumée !

Aux dernières nouvelles, le projet ne serait pas complètement enterré. À suivre donc, tel un captivant feuilleton américain...

Malgré ses déboires avec la « brique », depuis peu l'Espagne a renoué avec la croissance et de nombreux indicateurs sont revenus au vert. Un vent d'optimisme souffle à nouveau, et très fort.

Dans l'industrie, le « Made in Spain » peut se targuer de magnifiques réussites. En premier lieu la success story Inditex, qui a fait de son propriétaire, le Galicien Amancio Ortega, l'un des hommes les plus riches de la planète. Je rappelle qu'Inditex, ce sont les marques Massimo Dutti, Bershka, Uterquë, Pull and Bear, Stradivarius, Oysho... mais surtout Zara.

Ortega c'est le Zorro espagnol !

Quelle réussite pour cet homme discret, fils de cheminot, qui a abandonné l'école à treize ans, pour devenir coursier dans un magasin de textiles, puis vendeur de chemises.

Les sportifs mis à part, Amancio Ortega est sans doute la personne la plus admirée en Espagne. Ironie du sort pour un homme ayant fait de la devise de Rockefeller : « Tu ne dois apparaître que trois fois dans les journaux : quand tu nais, quand tu te maries et quand tu meurs », son principe de vie !

Mais il n'y a pas que Zara comme porte-drapeau du savoir-faire espagnol, en matière de mode. Les Mango, Adolfo Dominguez, Desigual, Springfield, Pedro del Hierro, Camper, sont aussi là pour rappeler que l'Espagne s'exporte très bien.

Une sacrée reconversion, pour un pays qui vivait essentiellement de son agriculture jusqu'aux années soixante-dix. Justement, cette agriculture persiste malgré tout.

On décrit souvent la région d'Almería, située au sud de la péninsule, comme le verger de l'Europe pour ses fruits et légumes. La vision vue du ciel des serres qui s'étendent sur des milliers d'hectares est impressionnante. Mais le secteur est en crise, et si le tourisme est bien l'avenir de l'Espagne, il n'en est pas de même pour l'agriculture.

Si le « Made in Spain » reste compétitif en Europe, c'est sans doute grâce aux salaires pratiqués et à la flexibilité de ses lois sur le travail.

En 2017, le SMIC en Espagne est de 825 euros brut, alors qu'en France, c'est presque le double.

Et si vous avez le malheur de perdre votre travail, vous aurez une indemnité de chômage misérable, qui ne durera au maximum que deux ans. Et si après ces deux ans vous n'avez pas retrouvé un employeur, ne comptez pas sur un revenu de solidarité active pour vous maintenir à flot, car ici, il n'existe pas.

RSA en espagnol se traduit par SOS !

Sans trop entrer dans les détails, car ce livre deviendrait un guide économique et ce n'est pas le sujet, sachez que les charges sociales salariales représentent 7 % du salaire brut en Espagne, contre 20 % en France. Les charges sociales employeurs représentent 30 % du salaire, contre en moyenne 40 % en France.

Mieux vaut donc être patron dans la péninsule ibérique, plutôt que dans l'Hexagone.

La seule ombre au tableau, si vous avez la chance d'être patron et d'avoir un salaire confortable, c'est que vous allez payer beaucoup d'impôts sur le revenu. Et même si vous n'êtes pas patron, en moyenne les impôts sur le revenu sont plus élevés en Espagne qu'en France. Un paradoxe par rapport aux faibles salaires pratiqués.

Mais l'Espagne, c'est le pays des paradoxes, alors plus rien ne doit vous étonner !

Il y a un autre secteur qui a vraiment le vent en poupe chez nos voisins du sud, et ceci dans tous les sens du terme. C'est le domaine des énergies renouvelables.

Ce n'est pas très étonnant, quand on sait que le pays est entouré de mer, qu'il est en partie désertique, que le vent y souffle parfois très fort et que le soleil ne se cache que très peu.

Il suffit de sillonner les routes de la péninsule pour se rendre compte du phénomène. Vous y verrez des forêts d'éoliennes et des champs de panneaux solaires, à perte de vue. C'est ainsi que depuis le milieu des années 2000, l'Espagne s'est confortablement installée sur le podium des pays producteurs d'énergie renouvelable. Et ceci grâce, entre autres, à l'action du gouvernement de l'époque, qui soutenait les investissements dans l'énergie verte, à coup de subventions publiques.

La crise et le gouvernement de Mariano Rajoy ont ralenti les ardeurs et refroidi tous les investisseurs locaux.

Aujourd'hui, l'Espagne reste un pays en pointe sur ce secteur, mais ses entreprises les plus performantes sont presque toutes passées sous bannière étrangère.

Le portrait que je viens de dresser des Espagnols vis-à-vis du travail est plutôt flatteur. Laissez-moi maintenant vous raconter une anecdote, certes moins flatteuse, mais avant tout taquine.

Récemment arrivé en Espagne, et dans le cadre de mon travail, je devais m'entretenir avec le PDG d'une société. J'appelle donc ce monsieur à une heure raisonnable de la matinée : 9 h 30 et sa secrétaire m'informe qu'il n'est pas encore arrivé.

Nouvel appel à 10 h 30 et avec beaucoup de franchise, la personne que j'ai au téléphone m'informe qu'il est en pause-café.

Troisième appel à 11 h 30 et c'est à nouveau sa secrétaire qui me dit qu'il est parti prendre un autre café.

Quatrième appel, à 13 h 30, et la standardiste me demande de rappeler cet après-midi, car il est parti déjeuner.

Nouvel appel à 17 h, mais le PDG n'est toujours pas rentré de sa pause déjeuner.

Sixième appel à 18 h 30 et l'on m'informe qu'il vient juste de quitter le bureau.

Je n'en croyais pas mes oreilles… Bienvenue chez les Ibériques !

Mais halte aux généralisations, on bosse dur en Espagne, croyez-moi.

Les nouveaux moulins à vent de Don Quichotte

Le royaume de la fiesta

Après avoir évoqué le rapport des Espagnols avec le travail, évoquons maintenant un lien qui leur est beaucoup plus naturel : celui avec la fête.

La première fois que je suis sorti à Madrid, je me suis demandé si je subissais les effets de la fatigue du voyage, du dépaysement ou de l'alcool, tellement l'hallucination était importante : des boîtes de nuit à tous les coins de rue, des bars qui ne désemplissent jamais, des trottoirs noirs de monde comme en plein jour, des embouteillages à 5 heures du matin, sans parler des « *after-hours* » qui ouvrent quand les discothèques ferment, pour prolonger le plaisir jusqu'à tard dans l'après-midi…

Bienvenue au royaume de la fiesta.

Les Ibériques ont même inventé un mot pour décrire leurs sorties nocturnes. Ils appellent cela « *la Marcha* ».

Et ici tout est organisé pour favoriser « *la Marcha* ». Les boissons alcoolisées sont très peu taxées, les cigarettes les moins chères d'Europe et la consommation de drogues douces, telles que le cannabis, est tolérée. On trouve des taxis à n'importe quelle heure de la nuit et des endroits pour boire ou danser un peu partout. Les licences pour ouvrir un bar ou une discothèque sont faciles à obtenir et les lois sur les nuisances sonores très flexibles.

Les statistiques ne font que confirmer mon propos : les Espagnols font plus de quarante-huit sorties arrosées dans l'année. C'est un record du monde ! On comprend mieux pourquoi le pays attire les fêtards des quatre coins de la planète.

La fête en Espagne, c'est aussi une industrie qui pèse lourd dans son économie. Il n'y a qu'à voir le gigantisme des boîtes de nuit et la quantité d'alcool consommée chaque année pour s'en rendre compte. Quand vous demandez un gin tonic, un whisky ou un rhum-Coca (qu'on appelle ici le *Cubata* ou le *Cuba libre*), on vous sert ce qui serait l'équivalent d'une double dose en France. Ah oui, vous en avez pour votre argent !

La jeunesse espagnole n'est (malheureusement, devrais-je écrire) pas en reste. Ceux qui n'ont pas les moyens de s'offrir une entrée en discothèque, ou un verre dans un bar, s'enivrent d'alcool dans la rue, après avoir acheté leurs élixirs de jouvence au supermarché. C'est ce que l'on appelle *le botellón*, un dérivé du mot *botella*, qui signifie grande bouteille. Il y a même des *macrobotellón* organisés le week-end, réunissant des milliers de jeunes, et ce jusque tard le soir ou tôt le matin, à la grande joie de leurs vis-à-vis, un peu plus âgés... En France, on a un peu importé le concept avec les « apéros géants », à la différence de la moyenne d'âge des participants et surtout de l'heure de fermeture...

De toute façon, en Espagne on se couche tard même lorsque l'on ne sort pas. J'en veux pour preuve l'horaire du journal télévisé (21 heures) et du film du soir, qui ne commence jamais avant 22 h 30. Les horaires sont totalement décalés, par rapport à ceux de notre hexagone. Un ministre de la Santé s'est risqué à rappeler à l'ordre les chaînes de télévision publique, pour qu'elles reprogramment le film du soir à 22 heures, ce qu'elles firent, contraintes et obligées. Mais les résultats d'audience ont été sans appel : elles ont perdu des millions de téléspectateurs, ce qui eut pour conséquence un retour à l'heure classique tardive, sous peine d'un nouveau soulèvement populaire de grande envergure. Ici, on ne badine pas avec les loisirs.

Les Espagnols détiennent d'ailleurs un record peu connu : ce sont eux qui dorment le moins sur notre planète. Et ça, c'est un sacré contre-pied à un préjugé, quand on sait que le mot *siesta* s'emploie ou se décline dans toutes les langues du monde.

On pourrait trouver une explication rationnelle à ce fait en regardant une carte. La péninsule ibérique est bien la partie la plus à l'ouest de l'Europe, bien plus que le Royaume-Uni affichant une heure de moins sur notre horloge. Une anomalie, puisque le Portugal, bien qu'intégré à la péninsule, est aussi à l'heure britannique. Nécessairement, il fait nuit plus tard à Madrid qu'à Paris, et bien encore plus tard qu'à Varsovie. Et quand il fait nuit plus tard, on a peut-être un peu moins envie de se coucher tôt.

Je ne sais pas si mon explication vous a convaincu, en tout cas ce que j'ai pu expérimenter, c'est qu'en Espagne, on dort bien moins qu'ailleurs !

Et puisque l'on parle de fête, comment ne pas évoquer le sacro-saint clubbing, le temple de la débauche, le must du fêtard.

I-B-I-Z-A.

Rien que l'évocation de ces cinq lettres suffit à vous transporter sur cette petite île des Baléares et vous projeter au milieu du dance floor des discothèques les plus en vue.

D'où vient un tel engouement pour cette petite île ?

L'histoire remonte aux années soixante. Bien qu'à cette époque, le généralissime sévît encore, un courant hippie unique en Europe s'installa à Ibiza, attiré par la douceur de son climat, la virginité de son cadre de vie et la beauté de son paysage. Des intellectuels, peintres, photographes et musiciens y apportèrent même leur touche créative. Pink Floyd choisit Ibiza comme lieu d'inspiration pour composer l'un de ses albums, Cat Stevens, Mike Oldfied et les Velvet Underground en feront de même. Débarrassées du franquisme et en phase avec la *movida* qui secoue toute l'Espagne, les années quatre-vingt marquèrent l'apogée de l'île, avec l'ouverture en masse de discothèques, d'un festival de musique et l'organisation de macro-concerts. C'est l'explosion médiatique de la « *party Island* ».

Mais Ibiza a tout de même connu un sacré retour de bâton à la fin des années quatre-vingt-dix, non seulement à cause de la concurrence d'autres endroits « branchés » tels que la Côte d'Azur, la Sardaigne ou Londres pour ne citer qu'eux, mais surtout à cause de la nouvelle toiture de ses discothèques !

La plupart des boîtes de l'île possédaient la particularité d'être à ciel ouvert. Cette singularité faisait d'ailleurs beaucoup pour la renommée d'Ibiza. Les autorités locales, luttant contre les évidentes nuisances sonores, ont ordonné la « couverture » des boîtes, sous peine de fermeture...

Une fois celles-ci couvertes, le son ne résonnait plus comme avant, dixit les puristes. Heureusement qu'à partir des années 2000 et jusqu'à nos jours les David Guetta, Martin Solveig, Bob Sinclar ou autres DJ's d'envergure et bien souvent français (cocorico) ont remis Ibiza au centre de la carte des clubbers les plus chevronnés du globe.

Qui dit fête dit forcément alcool, mais également drogues, et pas simplement douces. C'est malheureusement l'envers de ce décor et là, je ne parle plus d'Ibiza, mais de toute la péninsule.

L'Espagne est l'un des plus grands consommateurs de stupéfiants d'Europe, principalement le cannabis et la cocaïne (que l'on surnomme « *coca* » ici).

Depuis une vingtaine d'années, la péninsule est devenue une véritable plaque tournante des paradis artificiels. La consommation intérieure, la proximité de l'Afrique du Nord et la relation ancestrale avec la Colombie sont probablement les raisons de ce triste succès. À cela, il faut ajouter une certaine permissivité légale, en ce qui concerne le cannabis. En effet, le Code pénal espagnol interdit la vente de cannabis, mais pas sa consommation. Ainsi, la vente de graines, la culture et la consommation personnelle de marijuana dans des lieux privés sont légales. Par contre, son commerce et sa consommation dans des lieux publics sont interdits.

En résumé, en Espagne, vous pouvez librement fumer un pétard, mais uniquement chez vous, et vous ne pouvez ni le vendre, ni l'acheter.

Mais alors, si vous ne l'avez pas acheté, comment vous l'êtes-vous procuré ?

Vous devez soit l'avoir cultivé vous-même, soit vous l'être procuré via des clubs sociaux cannabiques, véritables associations organisées de consommateurs. Et comme la vente de graines de cannabis est libre, en déambulant dans les villes espagnoles, vous serez surpris de voir des magasins ouvertement spécialisés dans cette culture. Parfois, il suffit même de humer l'air ambiant pour arriver jusqu'à eux…

Ça, c'est pour le cannabis. Pour ce qui est de la cocaïne, sa consommation en Espagne bat des records d'année en année. Le pays est même devenu l'un des plus gros consommateurs de la planète. Une statistique effrayante : la consommation de « *coca* » en Espagne est quatre fois supérieure à la moyenne européenne.

Un sondage récent a mis le feu aux poudres, si je puis m'exprimer ainsi : 94 % des billets circulant en Espagne ont des traces de cocaïne…

Ça fait peur pour la santé de nos enfants.

À titre personnel, j'aime profondément faire la fête et c'est l'une des raisons pour lesquelles j'ai déposé mes bagages dans ce pays, il y a deux décennies. Au cours de mes fréquentations, j'ai malheureusement pu observer, et de près, les ravages de la drogue sur ses consommateurs : accoutumance, dépression, mal de vivre et j'en passe, et des pires. Non, le « joint » n'en vaut vraiment pas la chandelle…

Et vive le *Cuba libre* ! Avec modération bien entendu.

Justement, à propos de *Cuba libre* et autres boissons de ce genre, le comportement des Espagnols quand ils ont bu « un coup de trop » m'a toujours surpris. Ils restent toujours dignes, fiers et « droits dans leurs bottes », comme diraient certains. Rien à voir avec la tenue de ceux qui se roulent par terre et deviennent parfois agressifs, sous les effets de la boisson alcoolisée. Comme hypothèse pour expliquer cette attitude, on pourrait avancer le très fort « sens du ridicule » qu'ont les Espagnols. C'est aussi pour cela qu'ils sont aussi conservateurs dans leur façon de se comporter et de s'habiller, exception faite pendant la période du carnaval.

Et puisque l'on évoque le carnaval, si Rio est une référence planétaire, la ville de Santa Cruz de Tenerife, aux îles Canaries, a peu de chose à lui envier. Son carnaval est même considéré comme le deuxième plus populaire au monde et il est en passe d'être classé comme patrimoine de l'humanité par l'UNESCO. Il doit son origine aux conquistadors espagnols, qui l'ont importé des terres caribéennes et latines. Ce carnaval, interdit par le gouvernement jusqu'en 1970, était toutefois fêté clandestinement sous le nom de « fête d'hiver ». Autre preuve que les Espagnols ne sont jamais à court d'idées, quand il s'agit de célébration.

La fête la plus médiatique d'Espagne est sans aucun doute celle de San Fermín à Pampelune. C'est d'ailleurs, en nombre de participants, le troisième évènement festif au monde, seulement précédé par le coloré carnaval de Rio que nous évoquions et la bien arrosée fête de la bière munichoise. Dans le temps, d'illustres personnages, dont le génie de la littérature américaine, Ernest Hemingway, habitués du site, ont largement contribué à sa renommée.

La célébration se caractérise, entre autres, par la tenue typique de ses participants : vêtement blanc et foulard rouge. À l'origine, c'était une fête catholique célébrée en l'honneur du patron de la Navarre : saint Firmin, un missionnaire chrétien. Ce que l'on sait moins, c'est que saint Firmin est aussi le patron de la ville d'Amiens, dont il fut l'évêque, et où il est enterré.

La Saint-Firmin est célébrée le 10 octobre, mais pour d'évidentes raisons climatiques et commerciales, la célébration a été avancée au 7 juillet et elle ne dure pas moins de douze jours.

Au-delà de ses couleurs, San Fermin se caractérise avant tout par ses dantesques courses de taureaux, en plein cœur de la ville. On les appelle les « *encierros* », et le mot vient du verbe *encerrar* qui veut dire enfermer, cloisonner.

Ils se déroulent chaque matin de la fête, à 8 heures précises.

Les mêmes bêtes qui seront toréées plus tard dans l'après-midi parcourent les huit cents mètres qui les séparent des arènes, au milieu des participants, novices ou expérimentés. L'évènement est si populaire qu'il est retransmis en direct chaque matin par la télévision nationale espagnole. Chaque journal télévisé se fait également l'écho de se qui s'est passé le matin pendant l'*encierro*.

Et en général, il se passe toujours quelque chose.

Que l'*encierro* soit considéré comme propre, c'est-à-dire une belle course sans victime, ou qu'il se transforme en un véritable carnage. Et, dans ce cas précis, à l'inverse de la corrida, c'est toujours l'homme qui perd à la fin.

Depuis 1922, le début des *encierros*, on dénombre des dizaines de morts et des milliers de blessés, pour la plupart étrangers. Étrangers, car en général les locaux sont au courant qu'une bête de six cents kilos aux cornes bien affutées, déboulant à toute allure dans une rue étroite pleine à craquer, cela peut faire très mal.

Alors, me direz-vous, quel est l'intérêt de cette manifestation pour ces participants, qui n'ont à rien à gagner, si ce n'est un séjour à l'hôpital, voire plus, si affinités avec le taureau ?

Eh bien, cet intérêt se résume en un seul mot : adrénaline.

Comme dans un parc d'attractions à sensation forte, on joue à se faire peur. Seulement, cette fois-ci le danger est bien réel et parfois même mortel.

Il faut sans doute avoir vécu un *encierro* pour vraiment le comprendre… ou bien être espagnol !

En Espagne, on fait la fête dans la rue, dans des bars, dans des boîtes, et pour certains dans des bordels. Ici on les appelle : les « *puticlubs* », issu du nom de *puta*, qui se passe bien évidemment de traduction.

Eh oui, à la différence de la France, en Espagne les maisons de tolérance, sont… tolérées !

Ces bordels, que l'on trouve généralement en bordure de routes et autoroutes passantes, se distinguent des autres bars et hôtels par la présence d'impressionnants néons de couleur sur leurs façades. Ces lumières vives et colorées, qui ne sont pas sans rappeler celles de Las Vegas, toute (grande) proportion gardée, sont la marque de fabrique des *puticlubs* espagnols et leur façon de signaler leur présence. Comme s'il s'agissait d'un code, mais que seuls connaissent les Espagnols, habitués à leur présence depuis des lustres.

Vous êtes donc avertis : si vous voyagez en Espagne avec vos enfants, il est préférable d'éviter les hôtels qui affichent leur nom avec d'impressionnants néons de couleur !

À l'intérieur de ces maisons closes des temps modernes, se trouvent de jeunes femmes, pour la plupart venues des pays de l'Est ou d'Amérique latine, en petite tenue, défilant sur des podiums ou bougeant leur corps lors d'érotiques lap dances.

La légende raconte que les plus grands contrats commerciaux entre entreprises espagnoles (mais aussi internationales) ont été signés dans des *puticlubs*.

Je vous le dis et répète : *Spain is really different* !

Une dernière anecdote arrosée, pour conclure ce chapitre sur la fête. À l'école de mes enfants, les parents sont conviés chaque année, pour un traditionnel repas de fin de cycle. Après un apéritif bien souvent très « musclé », on enchaîne avec un bon déjeuner, copieusement arrosé. Mais la différence avec les fêtes de notre hexagone vient par la suite. Quand peu à peu sont déposés sur la table bouteilles de gin, whisky, rhum et gros cigares, à l'image d'une fin de repas de mariage. Comme le déjeuner se déroule au mois de juin, avec la chaleur qui le caractérise, inutile de vous préciser que l'ambiance devient très rapidement festive, entre parents et professeurs à qui l'on a confié l'éducation de nos enfants tout au long de l'année...

Bref, tout le monde est bourré.

Mais cela ne se voit jamais puisque l'Espagnol reste toujours digne et droit dans ses bottes !

Ah, qu'elles sont jolies, les filles de « ce » pays...

Si Enrico Macias avait été espagnol, il aurait aussi eu raison d'écrire cette chanson.

Dieu que les femmes sont belles dans ce pays !

Non seulement belles, mais aussi chaleureuses, affectueuses, soignées, spontanées, tactiles et bonnes vivantes.

Une première constatation : l'Espagne est un pays où les femmes ressemblent... à des femmes !

Je signifie par cela que l'Ibérique est extrêmement féminine. Ici, peu de cheveux courts, peu de pantalons, et toujours beaucoup, beaucoup, beaucoup de maquillage.

Dès la naissance, le ton est d'ailleurs donné. On perce systématiquement les oreilles du nourrisson, s'il s'agit d'une petite fille bien entendu.

Quel ne fut pas mon étonnement de voir arriver l'infirmière avec cet objet de torture pour faire des misères à ma fille, arrivée sur terre seulement depuis quelques jours. Il paraît que cela fait moins mal quand le perçage se fait sur une peau de bébé. Mais il faudrait quand même leur demander leur avis !

D'un côté pratique, la question à la vue d'un enfant : est-ce une fille ou un garçon ? est sans équivoque en Espagne. Il suffit d'observer les oreilles pour en avoir la réponse.

Sur la péninsule, l'uniforme est toujours obligatoire dans la plupart des écoles. Ainsi, les jeunes filles sont tenues de porter une jupe pendant toute leur scolarité. Une fois abandonnée l'école, c'est peut-être la raison pour laquelle l'habitude se perpétue. C'est sans doute aussi pour cela que le style vestimentaire des Espagnoles est si « classique ».

Alors que pour la nouvelle génération d'adolescentes, le tatouage fait des ravages aux quatre coins de notre planète, l'Espagne résiste au phénomène. Le piercing n'a jamais vraiment percé dans la péninsule. Les coiffures excentriques n'ont jamais coiffé les coupes classiques.

Il y a bien entendu des exceptions qui confirment la règle. Dans le Pays basque, par exemple, la frange de travers est très à la mode ainsi que la petite queue de cheveux dans la nuque (qu'on appelle *cola vasca*), mais cela reste des cas très isolés.

En revanche, de nombreuses Espagnoles se décolorent les cheveux et presque toutes, dès l'apparition des premières mèches blanches. Pas seulement à cause des cheveux blancs, mais surtout parce que le blond est une couleur très prisée pour des femmes nées brunes, dans une très grande majorité.

Il y a une différence notable avec les Françaises, à laquelle je ne parviens toujours pas à m'habituer : la plupart des Espagnoles ne s'épilent pas les avant-bras. Et comme elles sont brunes pour la plupart, cela se remarque. Cette habitude n'est pas très féminine, il faut tout de même l'admettre...

Quand il s'agit de sortir et de se faire « belles », les Espagnoles dominent parfaitement leur sujet. L'Ibérique se farde délicieusement et cela aussi, ça se remarque ! Le contour des yeux, les cils, le fond de teint, le rouge à lèvres (bien souvent très rouge) : aucun détail n'est oublié pour éblouir les yeux masculins.

Selon une récente étude réalisée par un très sérieux institut de sondage, les Espagnoles passeraient plus de six heures par semaine à se pomponner. Toujours d'après ce sondage, seuls les Italiens (j'écris bien Italiens et non Italiennes) font mieux !

On comprend pourquoi les marques de cosmétiques ont fait de l'Espagne (et de l'Italie) leurs marchés européens prioritaires. Il y a même un dicton soulignant l'attrait des Espagnoles pour le maquillage : « *Antes muerta que sencilla* ». Qui se traduit par : Plutôt morte que simple (dans le sens sans fardage).

Et quand les Espagnoles sortent, elles le font à fond : elles dansent, elles boivent, elles fument, passent du rire aux larmes en une fraction de seconde et rentrent au petit matin.

Elles profitent de la vie, quoi !

Au risque de me répéter, et comme énoncé dans le chapitre *Famille, je vous aime*, l'Espagnole reste très proche de ses parents, tant géographiquement que sur le plan affectif. Si un jour vous tombez amoureux d'une Espagnole, préparez-vous donc à faire vos bagages, car au jeu du « viens habiter chez moi », c'est elle qui gagnera à coup sûr.

D'un point de vue caractériel, l'Ibérique est très spontanée et chaleureuse. Si vous avez un rendez-vous professionnel avec une femme, alors qu'en France la poignée de main est de rigueur, ne soyez pas surpris si elle vous « claque la bise » dès la première salutation.

Et même si vous venez à peine de faire connaissance, et toujours dans un contexte professionnel, l'Espagnole va vous montrer des gestes affectueux, tels qu'une prise de bras ou une main passée dans le dos, car les Ibériques sont aussi très tactiles.
C'est toujours surprenant au début, mais c'est le genre de coutume auquel on s'habitue très rapidement et très facilement...
Comme l'Espagne est un pays de paradoxes, il y a certes beaucoup d'insultes qui sortent de la bouche de ses ressortissants, mais également de nombreux mots doux. Les *cariño* (chéri), *mi amor* (mon amour), *corazón* (mon cœur), *tesoro* (trésor) sont omniprésents dans le vocabulaire des Espagnoles. En France aussi me direz-vous, sauf qu'en Espagne ces mots doux s'emploient dans des conversations entre parfaits inconnus.
Alors que je demandais mon chemin à une femme policière à Séville, celle-ci me répondit : « Il faut prendre la première à droite, mon amour ».
Au téléphone, je reçois souvent de la part des secrétaires des : « Chéri, il faut que tu rappelles un peu plus tard ».

La maîtresse de mes enfants m'a appelé « mon petit ange » dès la première fois que je l'ai vue.
Lors d'un rendez-vous avec une fonctionnaire, celle-ci m'a assigné un « mon trésor » pendant toute notre conversation. Si ce rendez-vous avait été pour une déclaration de revenus, le trésor aurait été public...
Elles sont bouillantes, ces Espagnoles !

Et les « machos » ibériques dans tout cela ? À l'instar de son pendant féminin, l'Espagnol est aussi très « classique » dans son apparence physique et bien peu excentrique. Là encore, l'éducation reçue, à la fois au collège avec son uniforme et avec ses parents, qui ont pour la plupart connu le franquisme (ce qui ne sera plus le cas pour la prochaine génération), y est certainement pour quelque chose.

Une réflexion tout de même : qu'est-ce qui est considéré comme « classique » de nos jours, et qu'est-ce qui ne l'est pas ?

Puisque la grande majorité des jeunes ont un tatouage, est-ce toujours considéré comme une excentricité d'en avoir un ? Ou le contraire. Puisque de nombreux jeunes hommes se font percer l'oreille, est-on une personne « classique » si on n'a pas l'oreille percée ?

La moustache et surtout la barbe, impulsées par le style « hipster », sont de nos jours très à la mode en Europe. L'Espagne n'échappe pas à ce courant, à la différence que pour les Ibériques cette mode est perpétuelle. Vous ne me croyez pas ?

Eh bien, observez donc Mariano Rajoy, le Premier ministre espagnol, Felipe Aznar, l'ex-Premier ministre… et même le roi d'Espagne Felipe VI. Tous copieusement moustachus ou barbus, bien avant l'heure.

Des hipsters en puissance !

Je me moque, bien sûr, mais il y a tout de même un fond de vérité dans ces constatations…

Le gel (*gomina* comme on l'appelle ici) a toujours été un accessoire indispensable dans la trousse de toilette de l'Ibérique. Pas simplement avant de sortir, mais dans la vie de tous les jours. Il faut dire aussi que l'Espagnol a le cheveu lourd et épais, donc difficile à coiffer.

Si l'on devait dresser le portrait-robot de l'Espagnol d'aujourd'hui, il serait sans doute barbu et gominé.

Le look BCBG, qu'on appelle ici *pijo*, (et dont l'origine sémantique viendrait curieusement du mot *picha* ou *pija*, signifiant membre viril), s'apparente à son homologue français : mocassins, pantalon de toile, polo et petit pull sur les épaules. En revanche, s'il est un accessoire indispensable à la garde-robe du *pijo*, c'est bien le « Barbour ». Le Barbour est une veste vert foncé et en toile cirée. Elle tire son nom de l'entreprise britannique qui la commercialise et doit son origine aux marins et dockers qui enduisaient leurs vêtements de graisse de poisson, pour s'isoler du froid. Par commodité, la cire a remplacé la graisse. Bien que ce soit un vêtement plutôt masculin, la princesse Diana de Galles était une adepte du Barbour, ce qui a grandement renforcé la popularité de la marque.

Et les Espagnols raffolent des Barbours !

Pour l'anecdote, dans le quartier madrilène de la Moraleja (sorte de Neuilly espagnol), de nombreux pressings affichent fièrement sur leur vitrine : **Ici, nous nettoyons les Barbours**.

Incroyable, mais... ibérique !

Et pour conclure ce chapitre dédié aux femmes, sachez que les Espagnols sont les champions d'Europe (juste après les Britanniques) de la vasectomie.

Je rappelle que la vasectomie est la stérilisation masculine, c'est-à-dire l'équivalent pour les hommes de la ligature des trompes chez les femmes.

En langage fleuri, on pourrait dire que la vasectomie est la ligature de la trompe.

Plus de 70 000 « courageux » Espagnols passent en moyenne chaque année sous le bistouri, pour cette opération aux effets irréversibles. En France, ils ne sont qu'un millier.

Et pourquoi donc ce sacrifice masculin, alors qu'il existe d'autres moyens de contraception, bien moins lourds de conséquences ?

Il y a certainement une proportion non négligeable d'adeptes de la vasectomie pour éviter « l'enfant dans le dos », mais certains se motivent afin d'assumer leur responsabilité d'homme. D'autres parlent de sacrifice pour éviter que leur conjointe ait recours à des moyens de contraception peu naturels (pilules, stérilets, etc.).

Bel exemple d'altruisme et d'abnégation.

Une fois de plus, l'image du macho ibérique en prend pour son grade.

Méfiez-vous donc des préjugés...

Les Espagnols et la religion

La religion en Espagne… c'est une religion !

C'est un fait largement démontré, dans notre vieille Europe, plus on descend vers le sud, plus on est croyant, plus on est pratiquant et plus la religion a de l'importance dans la vie de chacun.

L'Italie a le Vatican, le Portugal Fatima, le sud de la France Lourdes, et même si les Espagnols n'ont pas sur leur territoire un lieu si emblématique, ils ont beaucoup d'autres choses.

L'Espagne est le berceau des deux plus « puissants » courants chrétiens des temps modernes : le jésuitisme et l'Opus Dei. C'est aussi le pays d'où sont originaires les Juifs séfarades. C'est également un territoire profondément marqué par sept siècles de conquête et d'occupation musulmane.

Et si j'ajoute à cela que le pape actuel n'est certes pas espagnol, mais hispanisant et jésuite, on comprend vite que l'Espagne et la religion, c'est une affaire sérieuse.

Alors, pour mieux comprendre l'importance des religions au-delà des Pyrénées, un retour en arrière s'impose.

De nombreuses théories tentent d'expliquer l'arrivée du catholicisme en Espagne. La plus crédible et la plus symbolique est sans doute celle liée à saint Jacques (Santiago en castillan). L'apôtre de Jésus traversa la Méditerranée pour évangéliser la péninsule ibérique. Il y passa plusieurs années, prêchant la bonne parole, de Cadix à l'Aragon en passant par les côtes du Portugal et de Galice. Alors qu'il se trouvait dans la ville de Saragosse, la Vierge lui apparut sur un pilier (*pilar* en espagnol), lui demanda de poursuivre son œuvre et d'ériger une église sur le lieu même de son apparition. De retour en Palestine, Jacques le Majeur subit presque le même sort que Jésus, décapité par le roi Hérode Agrippa. De peur que les Juifs profanent son tombeau, deux disciples de saint Jacques auraient rapporté ses restes jusqu'en Galice, lieu hautement symbolique dû à son labeur d'évangélisation, dans le but de les y enterrer. Au XIe siècle, un ermite couché dans un champ vit une étoile qui le guida jusqu'à la tombe de saint Jacques.

Après ce préambule historique, voici ce qui en découle :

- Avec la découverte du tombeau de Santiago, les rois espagnols de l'époque décidèrent de bâtir une église sur cette tombe. C'est la cathédrale de Saint-Jacques-de-Compostelle.
- Depuis le XIe siècle, se recueillir sur les reliques de l'apôtre de Jésus, après avoir fait un long périple à pied ou à cheval, est salutaire. C'est le pèlerinage de Saint-Jacques-de-Compostelle.
- Le nom Compostelle vient du latin *campus* qui signifie champs et *stellae*, étoile. Ceci en référence à

l'apparition à l'ermite dans un champ de l'étoile qui le guida jusqu'au tombeau de l'Apôtre.

- Saint Jacques est la figure catholique masculine la plus vénérée en Espagne. C'est le patron du pays et la Saint-Jacques, célébrée chaque 25 juillet, est un jour férié. Si le 25 juillet tombe un dimanche, c'est une année jubilaire.
- La coquille Saint-Jacques doit son nom au chemin de Saint-Jacques, dont elle est par ailleurs devenue l'emblème. Là encore, il existe plusieurs théories quant à son lien avec l'Apôtre. L'une d'entre elles évoque la couverture du corps de Santiago par des coquilles, au moment de sa découverte.
- La Vierge du Pilar, qui apparut à saint Jacques dans la ville de Saragosse, est la patronne de l'Espagne. Sa fête est célébrée le 12 octobre, jour national de l'hispanité (équivalent de notre 14 juillet, mais regroupant tous les pays hispanophones). À l'endroit même de l'apparition de la Vierge sur ce pilier fut érigée la basilique de la Vierge du Pilar de Saragosse.

Le christianisme en Espagne est donc né au Ier siècle après Jésus-Christ et il s'est développé sans trop d'opposition jusqu'au VIIIe siècle, période de l'invasion ibérique par les Arabes.

En 711, un chef berbère dénommé Tariq ibn Ziyad, franchit le détroit de Gibraltar, bat le roi wisigoth Rodrigue, maître des lieux à cette époque, et occupe dans la foulée les villes de Cordoue et Tolède. Une petite décennie plus tard, l'ensemble de la péninsule est sous

domination musulmane, c'est l'État de Al Ándalus qui donnera quelques années plus tard son nom à l'une des plus vastes régions d'Espagne : l'Andalousie.
De nos jours, on retrouve sur la péninsule ibérique de nombreux vestiges de cette époque musulmane. Notamment le somptueux palais de l'Alhambra de Grenade (qui curieusement signifie « *la roja* » en arabe… comme l'équipe de football nationale !). Mais le bâtiment le plus représentatif de cette cohabitation musulmane et chrétienne est sans aucun doute la mosquée-cathédrale de Cordoue. D'abord érigée pendant la conquête arabe, elle fut reconvertie en église au XIIIe siècle, tout en préservant son architecture islamique. Intelligente reconversion !

Les Arabes n'ont d'ailleurs pas laissé que des monuments, comme trace de leur passage dans la péninsule ibérique. De nombreux mots castillans (on avance le chiffre de 4 000) auraient des racines arabes, tels que ceux commençant par un « a » : *aceite* (huile), *alfombra* (tapis), *ajedrez* (échec), *alcalde* (maire). Ainsi que les noms propres comme : Alcala, Almería, Albacete, Badajoz, Guadalquivir, Guadalupe, Guadalajara…
L'expression tant usitée « *ojala* » (pourvu que), viendrait de « *Inch'Allah* » (si Dieu le veut).

Le judaïsme tisse également des liens historiques avec l'Espagne. Son implantation remonterait à l'époque romaine, c'est-à-dire à peu près à la même période que l'évangélisation chrétienne. Les premiers Juifs en Espagne auraient été des commerçants, fuyant l'esclavagisme et la guerre judéo-romaine qui battait son plein au Moyen-

Orient. Rapidement, ils sont devenus très influents dans la péninsule, grâce notamment au commerce de l'argent, interdit aux chrétiens.
Par opposition aux Juifs ashkénazes, venant d'Europe occidentale, centrale et orientale, on appelle communément les Juifs originaires d´Afrique les Séfarades. En réalité ils viennent d'Espagne, d'ailleurs le mot séfarade en hébreu signifie : péninsule ibérique.
Une étude récente démontre que près de 20 % de la population espagnole aurait des ancêtres juifs séfarades.
Depuis quelques années, le gouvernement accepte d'octroyer la nationalité espagnole aux personnes pouvant attester d'une ascendance séfarade. Cette décision relève de la démarche générale de reconnaissance d'une « erreur historique d'il y a cinq siècles ». Depuis, les demandes de naturalisation, venues en majorité de Turquie, arrivent régulièrement aux ambassades de la capitale.

Pendant plusieurs siècles, les trois plus grandes religions monothéistes de notre ère ont cohabité sur le sol ibérique. Un exemple de cette cohabitation est la ville de Tolède, ancienne capitale d'Espagne, qui compte parmi ses murs églises, mosquées et synagogues, datant de plus d'un millénaire. Ce qui fait de cette ville une singularité planétaire, hormis Jérusalem bien entendu (*Si je t'oublie, Jérusalem*...).

Mais alors, quel évènement a mis fin à cette apparente unique harmonie ?
Il porte un nom bien explicite : la *Reconquista*.

C'est la reconquête au Moyen Âge, par les chrétiens, des territoires de la péninsule ibérique occupés par les musulmans. Elle s'acheva en 1492 par la prise du dernier bastion musulman à Grenade, par les rois d'Espagne. Ces mêmes rois, Isabelle Ire de Castille et Ferdinand II d'Aragon, se verront octroyer le titre de Rois catholiques par le pape, en récompense de leur dévotion chrétienne.
Quelque temps avant, il y eut l'une des périodes les moins glorieuses du christianisme : l'Inquisition. Un odieux tribunal créé par l'Église catholique romaine, dont le but était de combattre l'hérésie (c'est-à-dire une opinion différente des croyances du catholicisme), amenant de nombreuses personnes à des châtiments, et pour les moins chanceux au bûcher.

Toute ressemblance, quelques siècles plus tard, avec des actes perpétués par l'autoproclamé État islamique, Daesh, est pour le moins… troublante.

Dans cette chasse aux sorcières d'un autre temps, les Juifs, devenus très influents en Espagne, ont également payé un lourd tribut. Ce qui entraîna également, à partir de 1492, une nouvelle diaspora massive vers le bassin méditerranéen et l'Europe occidentale, avec les conséquences que l'on connaît.

Voilà pourquoi depuis 1492 l'Espagne est majoritairement catholique. 1492, c'est également la date de la découverte de l'Amérique par Christophe Colomb. Le navigateur était certes italien, mais bel et bien « sponsorisé », le mot est juste, par les Rois catholiques espagnols pour ses périples.

Mais cette fois-ci la concomitance de ces deux faits n'est que pure coïncidence !

Dans cette Espagne de nouveau très catholique, divers courants de pensée vont se mettre en place. Notamment celui de la Compagnie de Jésus, plus connue sous le nom de ses membres : les jésuites. Impulsé par son fondateur, le Basque Ignace de Loyola, cet ordre va se caractériser par son œuvre missionnaire, en particulier vers les Indes, l'Afrique et l'Amérique, mais également par son travail éducatif.
Ceux qui ont essuyé les bancs d'écoles jésuites souriront sans doute en lisant ces lignes.
L'influence du courant de pensée jésuite dans l'Église catholique n'est pas négligeable, et c'est même une litote que de l'affirmer. Le pape actuel, François, est de ce courant de pensée.
Les jésuites ont leur chef supérieur, que l'on surnomme le pape noir en raison de la couleur de sa soutane. Force est de constater qu'actuellement les jésuites ont non seulement un pape noir… mais également un pape blanc !

Et si le chef de l'Église est de la Compagnie de Jésus, ce n'était pas le cas de ses récents prédécesseurs.
Le pape Benoît XVI et surtout Jean Paul II furent influencés par l'autre courant de pensée dominant du christianisme : l'Opus Dei.
La seule évocation de ce nom peut fasciner et parfois même effrayer. L'Opus Dei a été l'objet de controverses des plus extravagantes. Le livre best-seller *Da Vinci Code* l'a entre autres dépeint comme une secte, à la fois obscure et cruelle, allant jusqu'à infliger à ses membres

des châtiments corporels, tels qu'un rugueux cilice placé sur la cuisse d'un de ses protagonistes.
D'autres ont décrié son influence politique et son équivoque rapport avec l'argent.

D'où vient ce mystérieux Opus Dei qui, comme la Compagnie de Jésus, doit son origine à un Espagnol ?

Première constatation : c'est une institution récente, puisqu'elle a été fondée en 1928. Son principal message est que chacun peut transformer son travail, ses loisirs et sa vie de famille en des moments de rencontre avec Dieu. Et qui dit « travail » et « vie de famille » dit forcément laïcité.
L'Opus Dei se distingue ainsi des autres institutions catholiques, grâce à ses fidèles, qui sont pour la plupart des « non-religieux ». On doit ce message à son fondateur, José María Escrivá de Balaguer, qui comme Ignace de Loyola est originaire du nord de l'Espagne. Le pape Jean-Paul II l'a canonisé en 1982, seulement sept ans après sa mort, ce qui en fait le saint le plus précoce de l'histoire du catholicisme et ce qui en dit beaucoup sur le pouvoir et l'influence de cette institution...
L'Œuvre (l'Opus Dei est également appelé par cette formulation courte) compte aujourd'hui environ 90 000 fidèles, dont 98 % sont laïcs. La plupart de ses membres sont espagnols, même si le siège de l'institution est situé à Rome.
Tout comme la Compagnie de Jésus, elle possède des écoles, des universités, mais également des hôpitaux et des organismes de presse.

En Espagne, les membres de l'Opus Dei sont bien ancrés dans le paysage politique, tant de nos jours que par le passé. On dit même qu'en 1969, Franco aurait dissout son gouvernement pour réaliser le plus important remaniement ministériel depuis les années cinquante, mettant en place un gouvernement entièrement composé… de membres de l'Opus Dei !
Le premier chef de gouvernement démocratique espagnol, Adolfo Suárez, était également un membre déclaré de l'Œuvre.
Dans le sport, on retrouve aussi d'influents membres, tel que Juan Antonio Samaranch ou encore l'ex-président du FC Barcelone Joan Gaspar, ainsi que la très charismatique ex-présidente du club madrilène Rayo Vallecano, Teresa Rivero, également mère de treize enfants.
On dit même que Salvador Dali était aussi membre de l'Œuvre…

C'est sans doute la notion du secret qui a contribué aux nombreuses controverses qui lui sont associées. Selon une ancienne constitution, il était expressément interdit à ses membres de révéler leur appartenance à l'Opus Dei, sans obtenir auparavant l'autorisation de leur supérieur. Encore aujourd'hui, la plupart de ses fidèles n'évoquent pas leur affiliation à l'Œuvre en public.
Attaqué sur son caractère secret, l'Opus Dei répond que l'appartenance à une organisation religieuse est une affaire privée et ne parle pas de secret, mais simplement de discrétion. On joue sur les mots…
Si je fais ce long aparté sur l'Opus Dei, c'est bien parce qu'il est omniprésent dans la société ibérique.

De nos jours, en Espagne, les familles nombreuses sont aussitôt cataloguées « famille Opus Dei ». Curieuse étiquette quand les parents de ces familles ne sont parfois même pas catholiques !
Si une personne a un comportement secret, on va aussitôt penser qu'elle fait partie de l'Œuvre. De la même façon en France, on dirait qu'elle est certainement franc-maçonne.
Si un homme d'affaires devient mécène et dépense d'importantes sommes d'argent pour des associations caritatives, il fait forcément partie de l'Opus Dei, aux yeux de ses concitoyens.
Il est clair que l'Œuvre fascine toujours autant, cent ans après le début de son existence.

Et si la religion est aussi présente en Espagne, c'est parce qu'à la différence de la France, le pays n'a jamais connu de séparation entre l´Église et l'État.
Dans les mairies, par exemple, les crèches de Noël sont autorisées et ne font pas l'objet des polémiques de notre hexagone.
Si vous décidez de vous marier de l'autre côté des Pyrénées et que vous êtes catholique, le mariage religieux suffira. Vous n'aurez donc pas à passer par la mairie, à moins de vouloir admirer la crèche de Noël…

L'Espagne a été l'un des premiers pays au monde à avoir légalisé le mariage homosexuel, en 2005. Cette prise de position très avant-gardiste contraste bien évidemment avec l'image conservatrice et catholique du pays. D'autant plus que l'application du décret, chez nos voisins

ibériques, n'a pas entraîné le soulèvement populaire qu'a connu la France à son sujet.
Nouvelle illustration des nombreux paradoxes qui caractérisent l'Espagne.

Dans les médias ibériques, la religion occupe également une place de choix. L'une des principales radios du pays, la COPE, a l'objectif déclaré de diffuser la doctrine de l'Église catholique. Au regard de son actionnariat, composé de la Conférence épiscopale, du diocèse et de certains ordres religieux comme les jésuites et les dominicains, on comprend pourquoi.
Il est tout de même difficile d'imaginer en France Europe 1 ou RTL prêchant la bonne parole auprès de ses auditeurs…

Autre fait marquant, au moment de faire votre déclaration de revenus en Espagne, vous êtes soumis à « l'impôt de mandat ». Cela signifie que l'État est « mandaté » par le contribuable pour répartir obligatoirement (qu'il le veuille ou non) une fraction de son impôt, concrètement de nos jours : 0,7 %. Et vous avez deux possibilités pour cette répartition : soit à des fins sociales (souvent associées à l'Église), soit à l'Église catholique directement. Par voie de fait, l'Église espagnole est assurée chaque année, grâce à la complicité de l'État, d'un certain niveau de financement.

Si la France fut désignée fille aînée de l'Église, car Clovis fut le premier roi chrétien baptisé, l'Espagne est sans doute sa fille la plus fidèle !

Et pour conclure ce chapitre dont le ton fut sérieux, deux anecdotes amusantes, clin d'œil au chapitre sur la langue de Cervantes.

Ma belle-mère, qui est très pieuse, participe régulièrement à des retraites spirituelles dans des monastères et autres lieux de recueillement. Elle éclata de rire un jour, lorsque je lui demandai en espagnol comment s'était passée sa « *retrete espiritual* ». Le mot *retrete* se prononce bien de la même façon que retraite, mais c'est un faux-ami, puisqu'il veut dire en castillan : WC. En résumé, je venais de demander à ma belle-mère si son séjour dans des toilettes spirituelles s'était bien passé !

Le grand empereur espagnol, Charles Quint, hérita d'un empire sur lequel, selon la légende, le soleil ne se couchait jamais. Devenir polyglotte, afin de mieux contrôler son royaume, devint l'une de ses obligations. Ainsi, il eut cette magnifique réflexion, représentative de l'usage et du pouvoir de chaque langue : « Je parle italien aux femmes, français aux hommes, espagnol quand je m'adresse à Dieu et allemand quand je parle à mon cheval ! »

Le potin-roi

On savait les Latins colporteurs de rumeurs. On connaissait leur goût pour le qu'en-dira-t-on, le commérage et le ragot. D'où je vous écris, je peux témoigner et confirmer que la rumeur s'avère exacte pour leurs voisins du sud : les Espagnols portent un fort intérêt à la vie des autres !

J'ajouterai même qu'il est sociologiquement, culturellement et presque scientifiquement démontré que l'Espagne est un pays de potins. Un pays où la presse rose, la presse du cœur, où le *cotilleo*, comme on l'appelle ici, est roi.

Et si vous n'en êtes pas convaincu, je m'engage à vous en faire la démonstration.

Commençons par les médias. Alors qu'en France, on ne trouve aucune revue spécialisée *people* dans le classement des dix meilleures ventes, en Espagne, il faut descendre jusqu'à la sixième place pour trouver une lecture non attribuée à la presse à scandale.

Les revues *Pronto, Hola, Diez Minutos* caracolent systématiquement en tête de tous les hit-parades, grâce à leurs millions de fidèles pour chaque parution.

On trouve dans leurs pages des sujets d'une importance capitale, tels que la bataille juridique d'un footballeur avec son ex-femme, la nouvelle coupe de cheveux d'un présentateur, ou encore les infidélités présumées d'un célèbre torero.

La télévision n'est pas en reste, avec une abondance sans commune mesure de programmes sur les *people*. Chaque soir, des personnages plus ou moins connus, dans un format conversation de salon, qu'on appelle ici *tertulia*, débattent des heures entières au sujet d'autres personnages plus ou moins connus. Dans tout ce cirque, on retrouve pêle-mêle toreros, footballeurs, stars de la téléréalité, chanteurs, mais également famille royale, Grands d'Espagne et parfois même hommes politiques.

Chaque nouvelle fait débat dans ce circuit qui s'autoalimente. C'est une véritable industrie qui fait vivre de nombreuses personnes, et pas seulement les journalistes mais aussi d'ex-personnages publics, en quête d'une nouvelle notoriété.

En marge de ces programmes, la téléréalité n'est pas en reste même si elle est très fortement orientée *people*. Ainsi, le *Koh-Lanta* espagnol s'appelle : « *L'île des célébrités* », car ses participants sont des personnages « connus », ou devrais-je plutôt écrire : à la recherche d'un second souffle médiatique. L'émission se fait en direct afin de privilégier les débats des amis des « Survivants de l'île », venus les défendre sur le plateau d'une chaîne de télévision. Les discussions, qui tournent parfois au pugilat, alimentent à leur tour les autres émissions *people* décrites précédemment.

Un vrai circuit fermé, bien huilé et bien rodé.

Sur l'une des chaînes phares du *cotilleo* espagnol, un reality show d'un autre genre connaît un immense succès, et ce, depuis quelques années. Son concept : filmer des couples (hétéro ou homo) lors de leurs premières rencontres aveugles (plus connus sous le nom de *blind date*). L'émission fait un tel carton qu'elle est maintenant programmée tous les soirs de la semaine, et à une heure de grande écoute.

À croire que certains ne se lassent pas du concept.

Autre exemple de téléréalité à succès : le programme *Gran Hermano* qui en est déjà à sa dix-septième édition, à l'heure où j'écris ces lignes, alors que son équivalent français (*Loft Story*), n'a survécu que deux saisons.

Il n'existe pas un pays au monde où ce concept, dans le même format, ait tenu aussi longtemps !

Ne sont-ce pas autant de preuves que les Espagnols s'intéressent vraiment à la vie des autres ?

Vous allez penser que je suis peu indulgent et bien critique envers un pays qui m'accepte sur son sol depuis vingt ans.

Et vous avez raison. Mais le fait est que je ne suis pas seul à penser que les Espagnols sont trop penchés vers les potins.

Les autres qui le disent aussi sont… les Ibériques eux-mêmes !

Ce sont les premiers à décrier ce déballage médiatique parfois absurde et souvent bien inutile. Seulement voilà, les audiences télévisées des émissions *people* continuent de grimper inexorablement et les revues de la presse rose ne cessent de gagner des parts de marché. C'est bien la démonstration que cet intérêt pour les potins ne faiblit pas.

Et puis moi aussi, je dois bien l'avouer, il m'est arrivé de les regarder, ces émissions… et d'acheter *Hola* !

Pour aller plus loin dans la démonstration et éveiller votre curiosité, dressons une liste non exhaustive des *people* espagnols, dont l'aura et la réputation dépassent les frontières de la péninsule.

Tout d'abord, honneur aux rois et aux princes.

Il est évident que la présence d'une famille royale au sein de son pays est du pain bénit pour la presse à sensation. Avec de l'ironie, on pourrait même dire que la presse à scandale, si démocrate, ne pourra jamais assez remercier le dictateur Franco d'avoir mis sur le trône d'Espagne Juan Carlos et sa descendance.

Mais là, j'avoue que je vais un peu trop loin, en tout cas beaucoup plus loin que la presse, qui a toujours respecté une certaine retenue envers ses têtes couronnées.

Si les « difficultés conjugales » de l'ex-roi Juan Carlos Ier et son épouse la reine Sophie étaient de notoriété publique, la presse du cœur ne s'en est jamais fait écho, du moins jusqu'à leur confirmation officielle. En revanche, lorsqu'une tête couronnée ou une pièce rapportée sort du rang, la presse en fait sa tête de Turc et lui règle son compte, au nom de toute l'Espagne.

C'est le cas d'Iñaki Urdangarín, mari de l'infante Cristina, dont le supposé appétit vénal mit la famille Bourbon en position très inconfortable. La presse s'est alors déchaînée sur cet ex-gendre idéal sportif de haut niveau, faisant pression non seulement pour le destituer de ses titres de noblesse (chose faite), mais également influencer la décision des juges pour l'envoyer en prison.

Le roi Juan Carlos Ier, grâce entre autres à son charisme, sa sympathie et son sens de l'humour, est adoré des Espagnols. Comme eux, c'est un bon vivant qui aime la bonne chère. Comme eux, il est passionné de corrida et de sports. Comme eux, il est jovial.

Il est tellement adoré que les monarchistes espagnols ont été rebaptisés « juan-carlistes ».

C'est aussi un personnage accessible et proche de son peuple. L'anecdote des « asperges couillues » ne fera qu'illustrer mon propos.

Un producteur espagnol d'asperges, certainement très royaliste, décida d'envoyer ses produits (*espárragos*) au roi Juan Carlos Ier. Il prit même l'initiative d'appeler la *Casa Real* afin de recueillir l'opinion du monarque sur ses mets. La personne qu'il eut au bout du fil lui signifia que le roi avait adoré ses asperges en employant textuellement le mot de *cojonudos*. Ce qui signifie couillus, dans le sens excellent, très bon, mais qui reste un mot grossier. Il n'empêche que ce producteur s'empressa de rebaptiser ses asperges « *espárragos cojonudos* ».

Depuis cette anecdote, cette marque d'asperges est l'une des plus vendues d'Espagne !

Et dire que Juan Carlos Ier est un descendant direct de notre Louis XIV...

On se souvient aussi de cette remontrance, lors d'un sommet ibéro-américain, qu'adressa Juan Carlos Ier à Hugo Chávez, alors président du Venezuela et très critique à l'égard de l'impérialisme espagnol. « Et pourquoi tu ne la fermes pas ? » lui dit le monarque avant de quitter les lieux, sous les yeux ébahis de journalistes et d'hommes d'État. La scène a fait plusieurs fois le tour de la planète, pour le plus grand bonheur des « juan-carlistes ».

Mais récemment, l'aura du monarque a quelque peu souffert, à cause d'une chasse à l'éléphant au Botswana, alors que son pays traversait sa pire crise économique. Il fut pris la main dans le sac à cause d'une malencontreuse fracture de la hanche, survenue lors de ce safari. L'évènement précipita son abdication.

On dira que ce jour-là, son sang « bleu » n'a fait qu'un tour ! Par ailleurs, cette expression « sang bleu » pour désigner la monarchie nous vient d'Espagne. Les hommes et les femmes de la noblesse faisaient en sorte que leur peau soit la plus blanche et la plus fine possible, ce qui laissait apparaître leurs veines bleues. Un luxe que ne pouvaient pas s'offrir les plus pauvres, contraints de travailler dur dans les champs, et dont la peau était par conséquent plus bronzée.

Quid de Felipe VI, l'actuel roi d'Espagne, et de son épouse la reine Letizia ?

On peut dire que leur rencontre, digne d'un conte de fées, a fait les beaux jours de la presse *people*, puisque Letizia, journaliste de formation, était présentatrice du journal télévisé. Toute proportion gardée, c'est un peu comme si un prince héritier se mariait avec Anne-Claire Coudray ! Ajoutons à cela que la reine Letizia fut mariée (mais heureusement civilement) avant de rencontrer son prince et qu'elle est loin d'avoir du sang bleu, avec un père journaliste, une mère infirmière syndicaliste et un grand-père chauffeur de taxi. Autre pain bénit pour la presse à scandale, qui s'est depuis ravisée, devant le comportement exemplaire de cette nouvelle reine et de son mari.

On croise les doigts pour que les vieux démons des Bourbons ne se réveillent jamais chez Felipe VI…

XXX

Pour la grande majorité des Français (dont je fais partie), le duc d'Anjou est une marque de poulet, alors qu'en réalité c'est le duc de Bourgogne qui en est une. Duc d'Anjou est le titre de noblesse de Louis Alphonse de Bourbon. Et ce Louis Alphonse de Bourbon n'est autre que le prétendant « légitimiste » au trône de France, sous le nom de Louis XX. Et il est espagnol.

Ainsi, si d'aventure la France redevenait une monarchie, elle aurait à sa tête un Ibérique. Joli clin d'œil à l'histoire de nos deux pays.

Vous mangez trop de poulet et ne me croyez pas ? Alors, regardez plutôt cet arbre généalogique, quelque peu raccourci, expliquant la glorieuse ascendance de ce quadragénaire, proclamé aîné des Capétiens.

Hugues Capet († 996)
|
Saint Louis († 1270)
|
Louis XIV († 1715)
|
Philippe V, roi d'Espagne († 1746)
|
Alphonse XIII († 1941) roi d'Espagne et « Alphonse Ier de France »

Jacques-Henri de Bourbon († 1975)	Juan de Bourbon († 1993)
Alphonse de Bourbon († 1989)	Juan Carlos Ier
Louis de Bourbon « Louis XX de France »	Felipe VI roi d'Espagne

On notera au passage que le roi d'Espagne, Felipe VI, et Louis de Bourbon sont des cousins issus de germain.

Même si son sang bleu lui a certainement ouvert quelques portes, Louis Alphonse a connu une enfance difficile, et même tragique. Tout d'abord avec le divorce de ses parents, alors qu'il était encore un enfant. Il y eut ensuite le décès de son frère aîné François (qui était le premier descendant légitimiste), survenu lors d'un accident de voiture, sur les routes de Navarre. Quelques années plus tard, le sort s'est une nouvelle fois durement abattu sur cette famille. La faute cette fois-ci à un câble métallique trop tendu sur une piste de ski des montagnes Rocheuses américaines, qui blessa mortellement au cou son père, Alphonse de Bourbon. À la suite de ce décès,

Louis Alphonse est devenu officiellement chef de « la maison capétienne de Bourbon ».

Le duc d'Anjou a également une fameuse ascendance côté maternel, puisque sa maman est Carmen Martínez-Bordiú, personnage haut en couleur du paysage « peoplesque » ibérique, et accessoirement petite-fille du général Franco...

Avec une telle ascendance, vous comprenez maintenant mieux pourquoi le moindre pas de Louis Alphonse de Bourbon est épié par les paparazzis espagnols et parfois même français. Qu'il s'agisse de son mariage avec la fille d'un riche homme d'affaires vénézuélien, de la naissance de ses trois enfants, ou encore de ses exploits sportifs, notamment sur des champs de polo, dont il est un grand passionné.

XXX

Si vous avez séjourné à Madrid, vous avez certainement visité le musée du Prado pour admirer, entre autres, les chefs-d'œuvre de Goya et Vélasquez. Peut-être avez-vous aussi profité de votre visite dans la capitale espagnole pour vous rendre au musée de la reine Sophie, dont l'attrait principal est le troublant et magnifique *Guernica* de Picasso. Ce tableau monumental, confectionné dans un grenier parisien, dépeint le bombardement de cette petite ville du Pays basque, par la coalition allemande et italienne. Par le biais de subtils messages, il dénonce la violence et l'horreur de la guerre en général. Ceux qui lisent ce livre, et qui ont choisi le castillan comme langue vivante, ont très certainement planché une fois au moins sur cette toile, indétrônable classique des manuels de langue. Pour la petite histoire, *Guernica* a d'ailleurs failli ne jamais atterrir en Espagne. Puisque son génial auteur, farouche opposant au franquisme, a toujours refusé qu'il soit exposé de son vivant dans son pays natal.

Toujours à Madrid, et à quelques encablures de *Guernica*, se trouve l'un des musées les plus particuliers au monde. Il s'agit du musée Thyssen Bornemisza. Il se caractérise par l'ordre chronologique de l'exposition de ses œuvres, mais aussi par le fait de posséder au moins une œuvre de chaque grand artiste « connu », toutes époques confondues, de Fra Angelico à Andy Warhol, en passant par Rembrandt, Cézanne, Matisse, Toulouse-Lautrec et bien d'autres encore.

À ce moment-là, vous êtes probablement en train de penser : mais où veut-il en venir avec ce déballage de culture digne de Wikipedia et au beau milieu d'un chapitre consacré aux *people* ?

Eh bien, il se trouve que si le musée Thyssen Bornemisza est certes public, la collection exposée n'appartient pas à l'État, mais à la baronne Thyssen, Carmen Cervera de son vrai nom, Tita de son surnom, et cible préférée des paparazzis ibériques !

Cette Catalane, de nos jours septuagénaire, commença sa carrière médiatique avec l'obtention honorifique d'un titre de Miss Espagne, ce qui lui ouvrit les portes d'Hollywood. Après avoir épousé successivement Lex Barker (plusieurs films de Tarzan à son actif) puis Espartaco Santoni (producteur et play-boy vénézuélien : plusieurs mariages à son actif), elle convola en justes noces avec le Baron Thyssen. Le dénommé Hans Heinrich von Thyssen-Bornemisza (d'où le nom du musée) fut l'héritier d'un empire industriel allemand spécialisé dans la production d'acier. Mais, c'est surtout le goût de sa famille pour les œuvres d'art qui lui a donné une renommée internationale. Si j'ajoute à cela que la baronne Thyssen eut un fils avant de rencontrer son troisième mari (dont elle est veuve depuis 2002) et que sa progéniture, souvent malgré lui, défraye régulièrement la chronique de *Hola* et autres revues et programmes du même type, vous comprendrez pourquoi je parle du musée Thyssen dans ce chapitre dédié aux potins espagnols !

Et peut-être qu'en visitant le musée Thyssen Bornemisza vous repenserez à l'incroyable destin de Carmen Cervera...

XXX

Autre icône de la presse rose ibérique, la regrettée duchesse d'Alba, Cayetana de son petit nom. Décédée en 2014 à l'âge de quatre-vingt-huit ans, elle fut (dixit le *Guinness des records*) l'aristocrate possédant le plus grand nombre de titres de noblesse : cinq fois duchesse, dix-huit fois marquise, vingt fois comtesse et quatorze fois Grande d'Espagne. Excusez du peu !

On raconte même que le protocole l'aurait fait passer avant la reine d'Angleterre, sa lointaine cousine, si elles avaient été toutes deux conviées à la même réception.

À la suite du referendum de 2014, si les Écossais avaient choisi leur indépendance du Royaume-Uni, et s'ils avaient opté pour maintenir leur propre monarchie, la duchesse d'Alba aurait pu prétendre au trône, puisque c'est une descendante directe de la dernière dynastie régnante d'Écosse.

Le patrimoine de Cayetana impressionne tout autant que ses titres de noblesse. Des terres agricoles aux quatre coins de la péninsule, châteaux et palaces dans les plus grandes villes d'Espagne, ainsi qu'une collection privée de tableaux de maître. Renoir, Goya, Chagall et Picasso, parmi tant d'autres, ornent les murs des palaces des descendants de Cayetana.

Mais à l'instar de la baronne Thyssen, c'est la vie privée et surtout la personnalité de la duchesse d'Alba qui ont passionné les Espagnols. Tellement que des séries télévisées s'en sont même inspirées.

Fuyant la guerre civile, la duchesse s'est exilée à Londres où elle côtoya notamment Winston Churchill, accessoirement son lointain cousin. De retour en Espagne, elle épousa en grande pompe (on parle, pour cette époque, du mariage le plus coûteux jamais célébré) un autre Grand d'Espagne, Luis Martínez de Irujo, dont elle eut six enfants. Veuve de son premier mari, elle épousa en secondes noces un ex-jésuite, dont elle n'eut pas de descendance.

Jusqu'ici, tout va bien.

Mais la duchesse rebelle a pris tout le monde de court, en épousant en 2011 et à l´âge de quatre-vingt-cinq ans, son troisième mari, accessoirement son cadet d'un quart de siècle !

Cayetana n'a jamais laissé à personne le droit de lui dire ce qu'il fallait qu'elle fasse. Et elle ne s'est jamais souciée de ce que l'on pouvait penser d'elle. Ses excentricités vestimentaires, son comportement désinvolte, tel que ces magnifiques langues tirées à la face des paparazzis, et son style anachronique ont fait de Cayetana un personnage inimitable.

Si Julia Roberts est considérée comme la petite amie de l'Amérique, on peut bien dire que la duchesse d'Alba fut la fiancée de l'Espagne.

Orpheline de sa cible préférée, la presse rose ibérique peut se rattraper avec Eugénie, l'unique fille de Cayetana, qu'elle a affectueusement rebaptisée : petite duchesse. La quadragénaire au caractère bien trempé, tout comme sa mère, alimente régulièrement la chronique, de par ses frasques sentimentales. Bon sang ne saurait mentir…

XXX

« Vous les femmes… » Ces quelques mots, premières paroles d'une chanson, sont de façon intemporelle associés à l'icône internationale du show-business ibérique, j'ai nommé Julio Iglesias. Les Espagnols savent d'ailleurs tout de lui, ou presque. Ce que l'on sait moins en France, c'est que ce Madrilène de naissance a commencé sa carrière professionnelle… comme gardien de but au Real Madrid !

Mais le retour d'une soirée de distraction entre amis décida autrement de sa destinée. Victime d'un grave accident de voiture, semi-paralytique pendant de longs mois, il dut se résoudre à abandonner sa carrière de sportif, pour se consacrer à la musique, avec le succès qu'on connaît.

Julio Iglesias est officiellement le chanteur latino ayant vendu le plus d'albums au monde. C'est aussi, dixit l'institut Cervantes, l'Espagnol le plus consulté sur la toile, seulement devancé par Picasso et Dali, c'est peu dire...

Mais bien plus qu'un chanteur, Julio Iglesias est, le teint éternellement bronzé et le sourire enjôleur, l'image personnifiée du latin lover.

Après une carrière bien riche sous tous les aspects, il partage maintenant sa vie entre Punta Cana, Miami et Marbella. L'homme à qui l'on prête des milliers de conquêtes féminines semble s'être assagi, marié à une ex-top model hollandaise, de plusieurs décennies sa cadette.

On peut presque dire que Julio Iglesias est à l'Espagne ce que feu Johnny Hallyday est à la France : une icône indétrônable. Bien que leur look et leur style musical eussent été bien différents, il faut bien l'admettre...

Alors, puisque Julio est « rangé des bagnoles », pourquoi le mentionner dans un chapitre consacré aux *people* ?

Parce que ce sont ses enfants et surtout son ex-femme qui font maintenant les beaux jours de la presse à scandale. Le latin lover a épousé en premières noces Isabel Preysler, une reine de beauté originaire des îles philippines. Celle-ci fait encore régulièrement la une des magazines de mode, malgré ses soixante printemps fêtés depuis longtemps. Avant d'épouser un marquis et un ex-ministre dont elle eut une fille de chacun, elle a donné à Julio trois enfants dont le prénommé Enrique, qui comme son papa connaît un grand succès dans le show-business.

Enrique, aussi beau gosse que son paternel, est actuellement en couple avec Anna Kournikova, une magnifique ex-tenniswoman russe. Voilà pourquoi la presse à scandale aime tant cette famille.

« Tu n'as pas changé » chantait Julio… Julio, *por favor*, ne change pas !

La gastronomie espagnole

En abordant ce chapitre, je suis bien conscient que je ne vais pas me faire que des amis du côté français.

Alors en préambule, je prends le soin de rappeler, ayant visité de nombreux pays avant d'atterrir en Espagne, que notre cuisine est la plus appréciée, la plus admirée et même la plus enviée de toute la planète.

Préambule terminé, qu'est-ce qu'on mange bien en Espagne !

Je dirais même qu'on y mange de mieux en mieux. Au-delà des plats typiques qui en font sa renommée, et dont je ferai la revue dans ce chapitre, les restaurants espagnols sont devenus, en peu de temps, les meilleures tables au monde.

Et ce n'est pas moi qui le dis, mais les spécialistes du genre.

Selon la bible gastronomique, le *Guide Michelin,* l'Espagne fait partie des cinq pays les plus étoilés de notre globe.

L'organisation *World's 50 Best* qui, chaque année et non sans polémique, donne le classement des cinquante meilleurs restaurants du monde, a encensé de nombreuses années l'établissement catalan El Bulli avant que celui-ci ne ferme, donnant un certain répit à ses concurrents. Répit de courte durée, puisque El Celler de Can Roca, également catalan, lui a aussitôt succédé à la tête de cette hiérarchie arbitraire, qui fait chaque année couler beaucoup d'encre… et de larmes.

Alors, pourquoi autant d'engouement pour la cuisine espagnole ?

À l'image de la cuisine italienne et de ses plats typiques, tels que la pizza et les pâtes qui se dégustent d'une façon particulière, la cuisine espagnole a des spécificités qui la caractérisent. Le concept des tapas en est une parfaite illustration.

Donc, comme première réponse à la question sur le récent engouement pour la cuisine ibérique, on peut affirmer que les tapas sont à la mode, et que cette mode dure déjà depuis longtemps !

Les tapas étaient à la base des amuse-gueules que l'on servait en apéritif, pour accompagner un verre de vin et réduire ainsi l'ébriété. Étymologiquement parlant, le mot tapas vient du verbe *tapar* qui signifie boucher, recouvrir. On utilisait aussi les tapas, composées à l'origine d'une simple tranche de pain et d'un morceau de jambon, pour les poser comme un couvercle au-dessus des verres de vin et ainsi protéger leur contenu des insectes, poussières ou autres désagréments du même type.

En réalité, plus que le vin, les tapas bouchent la faim !

Et c'est ainsi que ces apéritifs se sont transformés au fil du temps en repas.

Les tapas en Espagne se mangent systématiquement debout et accoudé au comptoir. En général, on se sert soi-même et on demande l'addition en énonçant au garçon derrière son comptoir le nombre de tapas que l'on s'est mis dans la panse. Cette confiance surprend les étrangers, plus souvent habitués à payer leur note avant même d'être servis !

Les Espagnols se plaisent à déguster leurs tapas dans plusieurs endroits au cours d'un même repas, et en fonction des spécialités de chaque bar. Celui-ci pour ses gambas, cet autre pour ses croquettes et ainsi de suite. Ils entament facilement la conversation avec les serveurs et autres clients du lieu.

Aller *tapear* est tout à fait à l'image des Ibériques : confiance, partage, convivialité et promiscuité.

Contraste flagrant avec notre culture française, où nos repas au restaurant se déroulent dans le même endroit, confortablement assis, et sans trop se mêler aux autres...

De nos jours, il existe une multitude de tapas, car par définition, tout mets devient tapas dès lors que sa portion est de petite taille. Juste pour vous mettre un peu l'eau à la bouche, les plus appréciés sont les croquettes à la morue ou au jambon, les chorizos, les calamars frits, les olives marinées, les *patatas bravas* (pommes de terre servies avec une sauce piquante), les gambas (crevettes), les charcuteries ibériques (qui, lorsqu'elles sont agrémentées d'huile et de tomates, sont rebaptisées *pantumaca* en Catalogne).

Miam-miam.

Autre différence notable avec nos habitudes culinaires, les Espagnols ne mangent du fromage qu'en apéritif. Lorsqu'ils viennent en France, ils sont toujours surpris de voir arriver le plateau de fromages juste avant le dessert. Les Ibériques nous envient d'ailleurs cette tradition. Preuve qu'ils en remettraient bien une couche, après s'être copieusement gavés pendant l'apéritif ! Les fromages en Espagne sont pour la plupart « durs ». Ici, pas de camembert ou de roquefort par exemple. Techniquement, le fait est qu'un fromage dur se mange plus facilement en apéritif qu'un mou, qui requiert un couteau pour le servir ou un morceau de pain pour l'accompagner.

Le plat qui représente sans doute le plus l'Espagne est la paella.

Ses couleurs : jaune (riz safrané) et rouge (poivron) rappellent même les couleurs du drapeau national. C'est d'ailleurs l'une des raisons pour lesquelles le général Franco l'avait désigné comme plat emblématique patriotique. Les autres raisons étaient son faible coût (le riz est bon marché) et sa commodité.

C'est dans la région de Valence que l'on mange les meilleures paellas et c'est au valencien qu'on doit son nom. Paella (lui-même issu du latin *patella*, signifiant « petit plat ») est la traduction de poêle en valencien. Et il porte bien son nom, car s'il est un plat indéniablement associé à l'ustensile nécessaire à sa préparation, c'est bien la paella.

Il existe en Espagne une multitude de recettes pour élaborer une bonne paella et la plus connue, honneur oblige à sa région d'origine, est la paella valencienne. Citons tout de même la paella au riz noir (conséquence de l'encre de calamars), avec croûte ou végétalienne comme intéressantes variations.

L'autre plat emblématique ibérique est bien entendu la *tortilla de patata*, que l'on pourrait traduire par omelette aux pommes de terre. En Espagne, on la mange en sandwich, en tapas ou comme plat accompagné de salade. Curiosité linguistique entre nos deux pays : les Espagnols nomment *tortilla francesa* (littéralement « omelette française ») l'omelette nature, c'est-à-dire sans pomme de terre.

Eh oui, en Espagne comme en France, on ne fait pas d'omelette sans casser des œufs !

Le gazpacho, potage à base de légumes crus mixés, servi froid, est également un symbole culinaire de l'Espagne. Dans ce cas, on peut vraiment parler de boisson ibérique, car au sud du Portugal il est également très prisé.

Une soupe froide, c'est vraiment le mets parfait pour s'alimenter, quand il fait très chaud.

Pour ce qui est des sucreries, le savoir-faire espagnol s'exporte aussi très bien, grâce notamment aux churros. On retrouve ces bâtons de pâte à crêpe frits de plus en plus souvent dans notre hexagone, et pas seulement lors des fêtes foraines.

Notre crêpe n'a qu'à bien se tenir, elle a un sérieux concurrent avec le churro venu d'Espagne !

Comme autres spécialités culinaires ibériques, citons également le *cocido*, mets typique de la ville de Madrid. C'est une sorte de pot-au-feu servi avec diverses viandes (bœuf, poule, boudin, porc, etc.) et légumes (pois chiches, navets, carottes, chou, pommes de terre, etc.). Bref, un plat de résistance… très résistant !

J'ai la chance d'habiter la merveilleuse ville de Saint-Sébastien. Cette ville de province de taille moyenne possède la particularité de compter le plus grand nombre d'étoiles Michelin par habitant. Saint-Sébastien est à l'Espagne ce que Lyon est à la France : une capitale de la « bonne bouffe ».

Mais plus que ses étoiles Michelin, ce sont ses sociétés gastronomiques qui en font son attrait.

Qu'est-ce qu'une société gastronomique ?

C'est comme un restaurant, avec sa cuisine (professionnelle), sa cave et sa salle à manger, sauf qu'il n'y a pas d'employés : pas de serveur, ni de sommelier, ni de cuisinier.

Ce sont les membres de cette société (et leurs invités) qui se chargent d'acheter les aliments, de les cuisiner et puis de les servir. Une société gastronomique est en quelque sorte un restaurant self-service.

Dans le Pays basque, on recense plus de 1 500 confréries de ce genre, qu'on appelle aussi *txoko*, ce qui signifie petit coin en basque. Ces endroits sont propices pour fêter un anniversaire, organiser un tournoi de cartes ou célébrer une fête locale. Le loyer de l'établissement, souvent très onéreux, est payé par ses membres, un cercle fermé d'amis de longue date ou de personnes partageant la même passion ou la même occupation.

Autre particularité concernant les sociétés gastronomiques, qui fera sans doute hérisser les poils des plus fervents partisans de la mixité : la plupart de ces confréries sont exclusivement réservées aux hommes. Et celles qui accordent un droit d'entrée aux femmes se refusent pour l'instant à leur donner accès... aux cuisines, lieu exclusivement réservé à la gent masculine.

Mais là, pour une fois, les femmes ne vont pas s'en plaindre !

Eh oui, *Spain is really different*, je ne me lasserai pas de vous le rappeler.

Si un jour vous vous retrouvez du côté de Saint-Sébastien, à défaut d'être invité dans un *txoko*, ne manquez pas d'aller manger dans une cidrerie.

On en trouve de nombreuses aux environs de la ville et elles sont en général à flanc de montagne, dans de typiques fermes basques. L'ambiance est chaleureuse (bien souvent malgré le froid), les convives partageant d'immenses bancs et tables en bois, un peu à la façon des auberges d'autrefois. Une fois attablé, n'attendez pas qu'on vous donne la carte des plats, car vous pouvez attendre longtemps, le menu étant toujours le même : une omelette à la morue en entrée, puis une grosse côte de bœuf grillée au feu de bois, fromage de brebis, pâte de coing et noix en guise de dessert.

L'originalité de ces cidreries réside avant tout dans la façon dont on y déguste... le cidre ! Pas question d'attendre que le serveur dépose une bouteille sur votre table, il faut aller se servir soi-même, avec son verre à la main, jusqu'à d'énormes fûts. On peut ainsi apprécier les goûts de différents cidres selon les fûts.

À l'image de la société gastronomique, nous sommes encore dans le concept du self-service, mais uniquement pour la boisson.

Autre originalité des cidreries, elles sont saisonnières, n'ouvrant que de janvier à avril, lorsque la fermentation de la récolte des pommes est terminée. Le cidre basque a du reste peu de choses à voir avec le cidre normand ou breton. C'est un cidre brut, mais alors vraiment très brut... de décoffrage !

Chaque fois que j'ai amené des amis français dans ces chaleureuses cidreries, la réaction a été la même. Ils ont beaucoup aimé le repas, mais ils ont surtout adoré le concept. Par contre, ils n'ont pas du tout aimé le cidre, jugé trop amer pour nos papilles franchouillardes, généralement plus habituées aux cidres doux.

Curieux phénomène, car quand ces mêmes amis français reviennent me voir, ils n'ont qu'un mot à la bouche : cidrerie !

Et lors de leur deuxième passage, ils trouvent la boisson beaucoup moins amère.

Si troisième passage il y a, ils repartent carrément le coffre rempli... de bouteilles de cidre !

Puisque nous sommes dans la boisson, restons-y. Là encore, je ne vais pas me faire que des amis en France si j'écris que le vin espagnol… est excellent et de plus en plus apprécié sur toutes les tables du monde.

Mais peut-être aussi que je ne suis pas très objectif, car au fil des années, le palais se forme, on dit même qu'il « s'éduque » selon le type de breuvage ingurgité.

Éducation ou pas, les chiffres parlent d'eux-mêmes. Avec l'Italie et la France (bien entendu), l'Espagne est, depuis quelque temps, bien installée sur le podium des premiers producteurs de vins. Le pays possède même, avec son million d'hectares, le record planétaire de surface de vignobles. Un potentiel à faire pâlir un viticulteur hexagonal.

Grâce à des prix défiant toute concurrence, l'Espagne fournit la majeure partie des importations françaises de vin en vrac. Et cette situation a mis les producteurs de vin français… en vrac. Au printemps 2017, ils se sont fait remarquer par une opération coup de poing auprès du consommateur (pour le coup de poing, on reste dans l'imagé bien heureusement) afin de mettre en valeur les bienfaits de la production française face à cette concurrence qu'ils jugent déloyale.

Attention, danger, l'Espagne est à l'attaque !

Pour ce qui est des régions vinicoles ibériques, on peut assimiler La Rioja au Bordelais. C'est la plus connue nationalement, internationalement, et c'est aussi celle qui produit le plus de vin.

Petite anecdote amusante, lors de la dernière coupe du monde de football un journaliste français d'une chaîne de télévision de grande écoute rebaptisait régulièrement l'équipe de football espagnole « *la Rioja* ». Son surnom est en fait « *la Roja* », qui signifie rouge et qui se réfère à la couleur du maillot.

C'est à se demander si ce même journaliste n'avait pas un peu trop abusé du vin du même nom...

Mais La Rioja n'est pas la seule région vinicole. Il existe en Espagne pas moins de soixante-cinq appellations d'origine contrôlée. Il y en a donc pour tous les goûts, du xérès (qui s'écrit également jerez), vin blanc sec d'apéritif cultivé à l'extrême sud de la péninsule, jusqu'au txakoli basque, avec ses 350 hectares qui en font l'une des plus petites AOC au monde. En passant par le moscatel d'Estrémadure, une sorte de muscat, tout aussi délicieux et également produit en abondance au Portugal.

N'en déplaise aux œnologues les plus puristes, le vin le plus vendu en Espagne est le Don Simon. C'est un vin très très bon marché, servi en brique. Si vous demandez à un Espagnol son avis sur ce breuvage, il vous répondra à coup sûr que c'est une véritable piquette, bref un vin somptueusement... dégueulasse ! Alors pourquoi le Don Simon parade-t-il en tête des ventes sur le marché ibérique ?

La réponse tient en deux mots : kalimotxo et sangria.

Elles font partie des boissons les plus consommées en Espagne et nécessitent toutes deux du vin dans leur élaboration. Sachant qu'il sera mélangé, on prend en général le vin le meilleur marché qui soit. Rappelons que le kalimotxo est un mélange de Coca-Cola et de vin (oui, oui, vous avez bien lu, quelle belle invention espagnole !) et la sangria est un composé de fruits, macérés dans du vin rouge et de la limonade.

On comprend pourquoi les lendemains sont si difficiles, après avoir abusé de cette si délicieuse sangria et de ce surprenant kalimotxo...

Notre champagne a aussi son concurrent espagnol. C'est également un vin mousseux, à l'aspect similaire tant par son contenu que par sa bouteille. Ici on l'appelle le *cava*, qui signifie cave.

Le *cava* se cultive principalement en Catalogne, dans les provinces de Barcelone et de Tarragone. Mais à la différence de notre champagne, uniquement associé à la région du même nom, on produit aussi du *cava* dans d'autres régions du pays, comme l'Estrémadure, l'Aragon ou La Rioja.

Pour nous Français, habitués au goût du champagne depuis que notre grand-père nous y a fait tremper les lèvres dès notre plus tendre enfance, le *cava* a un goût bien différent du champagne. En d'autres mots, nous trouvons qu'il est moins bon. Mais certaines nations, moins habituées que nous, ne partagent pas cette opinion, surtout au moment de passer à la caisse. Car le principal avantage compétitif du *cava*... c'est son prix ! Comptez moins de dix euros pour un *cava* d'une appellation réputée, soit une facture deux à trois fois moins élevée que celle de notre glorieux champagne.

Si vous êtes né avant les années quatre-vingt, vous vous souvenez certainement de ce fameux slogan publicitaire vantant la marque Canada Dry : « Ça a la couleur de l'alcool, le goût de l'alcool... mais ce n'est pas de l'alcool ». On pourrait réactualiser ce slogan : le *cava* a la couleur du champagne, (presque) le goût du champagne, mais ce n'est pas du champagne !

Certains tenanciers de bars parisiens ne pourront vous dire le contraire. Des établissements peu scrupuleux proposaient sur leur carte du champagne à la coupe, quand il s'agissait en fait de *cava*, et ceci pour d'évidentes raisons économiques. Un programme télévisuel de grande écoute a dénoncé la supercherie, caméra cachée à l'appui, et avec la bénédiction des producteurs champenois. Depuis ce casus belli, qui a fait jurisprudence, les cartes et menus proposés dans les bars et restaurants doivent faire la distinction entre *cava* et champagne, s'il y a lieu.

Pour la petite histoire, jusqu'en 1970, le *cava* espagnol était aussi appelé champagne, avant que l'Union européenne juge que seuls les vins produits dans la région de Champagne pouvaient être appelés de la sorte. Et c'est ainsi que le nom *cava* est apparu.

Les Ibériques sont également de grands consommateurs de bière et on les comprend, connaissant ses effets rafraîchissants. Ici, le verre de bière servi en bar s'appelle la *caña*, et il est équivalent à une pinte de taille moyenne. Les marques les plus connues sont Mahou, San Miguel, Cruzcampo et Estrella Damm.

Pour ce qui est des autres boissons les plus appréciées par nos voisins du sud, citons pêle-mêle le vermouth, vin cuit macéré avec des herbes et livré dans de petits fûts avec de l'eau gazeuse. Le *tinto de verano*, vin rouge très frais mélangé à de l'eau gazeuse et apprécié pour la fraîcheur qu'il procure. L'*horchata*, boisson sucrée également très rafraîchissante et élaborée à partir de souchet, un tubercule importé pendant l'invasion arabe.

La gastronomie occupe aussi une place de choix dans les expressions espagnoles.

Par exemple, « retourner la tortilla » (*dar la vuelta a la tortilla*) s'utilise très couramment pour décrire un changement drastique, un revirement de situation.

« *Poner toda la carne en el asador* » (littéralement : mettre toute la viande au barbecue), signifie mettre toute son énergie dans ce que l'on accomplit.

Si quelqu'un veut vous donner une *galleta* (galette) ou une *torta* (tarte), ce n'est pas toujours dans le but de vous nourrir. Ces mots étant des synonymes argotiques de claque, gifle ou coup.

« *Al pan, pan y al vino, vino* » : au pain, le pain et au vin, le vin, est l'équivalent de notre expression : « Appeler un chat, un chat ». C'est-à-dire, affirmer les choses telles qu'elles sont.

Le chorizo est non seulement une délicieuse saucisse de porc, mais également une personne corrompue, en Espagne. Bref, un synonyme qui a tout son sens.

« *El fideo* » : la nouille, est couramment utilisée pour décrire une personne extrêmement mince. En français, nous avons également l'expression : « Tu es une nouille », mais sa signification est quelque peu distincte de celle de l'espagnole...

« *Esto es la leche* » : ça, c'est le lait, pourrait se traduire par « Ça, c'est incroyable », tant pour décrire une situation favorable que très embarrassante.

Le mot *huevos*, qui signifie œufs, est également couramment employé par les Espagnols. Mais il se réfère davantage aux attributs masculins qu'à l'aliment. Par exemple, l'expression « *Estoy hasta los huevos* » est employée lorsque l'on est très en colère. En français, on pourrait la traduire convenablement par : « J'en ai vraiment plein le dos ». Mais c'est plutôt le bas du dos qui convient pour la traduction la plus opportune...

Et si un jour quelqu'un vous dit « *Se te esta pasando el arroz* » (le riz devient trop cuit), c'est pour vous signifier que vous devenez trop vieux !

Pour finir ce chapitre consacré à la gastronomie ibérique, cette anecdote qui chatouille les papilles... et les méninges. Dans une société gastronomique de Saint-Sébastien, où j'étais avec d'autres compatriotes français, un chef espagnol nous a demandé si nous connaissions les trois secrets de la cuisine française.

Interloqué par la perspicacité de la question, aucun n'a trouvé mot à lui rétorquer. Alors, avec un grand sourire malicieux, il nous a répondu que ses trois secrets étaient : le beurre, le beurre et encore le beurre...

À méditer !

Un escadron de tapas prêt à être dévoré

Un pays sportif

Panem et circenses, du pain et des jeux, disaient déjà les Romains. Après avoir évoqué la gastronomie, penchons-nous sur la deuxième passion des Espagnols, qui permet d'évacuer les excès de la première… le sport !

En effet, comme leurs cousins italiens, les Ibériques raffolent de sport. Que les Espagnols soient sportifs est un sacré pied de nez à l'image que l'on a d'eux, depuis la France ou ailleurs.

Sportifs ou pas, une chose est certaine, ils ont de nombreux champions.

Du tennisman Rafael Nadal au coureur automobile Fernando Alonso en passant par le cycliste Contador, le golfeur Sergio García, les motards Lorenzo et Márquez, sans oublier leurs footballeurs, qui font rêver toute la planète.

Mais d'où vient l'engouement des Ibériques pour une activité dont la pratique est si peu appropriée à la chaleur caniculaire régnant sur leur pays pendant une grande partie de l'année ?

Là encore, il faut se retourner et consulter le passé pour expliquer le phénomène. Pendant les décennies de dictature, le sport fut un laissé-pour-compte, à l'inverse d'autres régimes dictatoriaux, comme dans les pays de l'Est, avec les méthodes si controversées que l'on connaît. Avec le rétablissement de la démocratie dans le courant des années soixante-dix, le gouvernement a cherché de puissants symboles pour ressouder une population divisée, notamment à cause de ses particularismes régionaux. Et quoi de mieux que le sport pour attiser la fibre patriotique et rassembler un peuple autour d'un destin commun ?

Cette prise de conscience fut la première pierre à l'édifice.

La deuxième pierre eut un retentissement international, et pas simplement sur le plan sportif. Il s'agit des Jeux olympiques organisés à Barcelone en 1992.

On se souvient qu'à l'époque, le président du Comité international olympique n'était autre que Juan Antonio Samaranch, un Ibérique natif de… la capitale catalane !

Selon de nombreux spécialistes, les JO de Barcelone ont été parmi les plus réussis. Sans doute parce qu'ils ont été marqués par la fin de l'amateurisme, à l'image du tournoi de basket-ball, avec la fameuse *Dream Team* de la sélection américaine.

En terme urbanistique, la ville de Barcelone fut complètement transformée par l'évènement, et là encore on parle d'une fantastique réussite et d'un avant et après Jeux olympiques.

Et si jusqu'en 1992, les sportifs espagnols étaient habitués aux seconds rôles, la présence des JO sur leur sol les a véritablement transcendés. En presque cent ans d'olympisme, les Ibériques n'avaient glané que vingt-sept médailles, alors que dans la capitale catalane, ils en ont remporté presque autant, avec vingt-deux breloques fièrement accrochées à leur cou.

Barcelone a sans doute fait prendre conscience aux sportifs espagnols de leur potentiel.

Depuis, Roland-Garros est devenu une chasse gardée ibérique, le Tour de France l'une de leurs courses préférées, et ils trustent même les places d'honneur sur les circuits de vitesse, que ce soit à moto ou sur quatre roues.

En Espagne, on ne fait jamais les choses à moitié !

Du coup, le citoyen lambda espagnol, s'il ne mouille pas forcément sa chemise dans une salle de gym, est un fan de sport, même bien assis sur son canapé.

Alors qu'en France il n'existe qu'un quotidien sportif, *L'Équipe*, l'Espagne n'en compte pas moins de quatre : *Marca*, *AS*, *Sport* et *Mundo Deportivo*.

Mais la passion ne s'arrête pas là : le tabloïd *Marca,* avec plus de 2 700 000 fidèles lecteurs, est le quotidien le plus lu d'Espagne ! À titre de comparaison, « notre » *Équipe* en compte deux millions, mais jouit d'une situation de quasi-monopole, qui plus est sur un marché de soixante-cinq millions d'âmes, contre quarante-six en Espagne...

Même pendant le sacro-saint journal télévisé, la passion du sport se fait ressentir. Une fois les principaux titres abordés, un autre présentateur fait son apparition pour développer les sujets sportifs du moment. Cet aparté dure environ dix minutes, soit le quart du temps total du journal télévisé !

Ne croyez pas que ce format soit le fait d'une seule chaîne, on le retrouve sur tous les journaux télévisés des chaînes publiques, régionales ou bien privées.

Difficile d'imaginer un Gérard Holtz ou un Nelson Monfort intervenir chaque jour dans notre 20 heures, pour passer en revue les exploits de nos athlètes !

Mais arrêtons de nous mentir, ce qui passionne avant tout les Espagnols, c'est le football. Et le football, en Espagne, s'écrit en peu de mots : Real Madrid et FC Barcelone (qu'on appelle ici : *el Madrid* et *el Barça*).

Rétablissons donc une vérité : sur les dix minutes du JT dédiées au sport, huit le sont pour parler de football, dont sept consacrées exclusivement aux exploits du Real Madrid et du FC Barcelone !

On dit d'ailleurs qu'en Espagne on a toujours deux équipes fétiches : l'équipe de sa ville locale et... le Madrid ou le Barça.

Il faut dire qu'avec ces deux « monuments » on dépasse le cadre sportif. Une récente étude marketing a placé le Real Madrid comme l'une des marques les plus puissantes au monde, au même niveau qu'un Apple, Microsoft ou bien encore McDonald's.

Le slogan phare du FC Barcelone est « *Més que un club* », écrit en catalan, et il signifie « Plus qu'un club ». Le Barça est l'équipe d'une ville, mais il est aussi l'emblème d'une région qui se veut chaque fois plus indépendante. On comprend que la dimension sportive est largement dépassée pour empiéter sur le domaine politique. Ainsi, présidents, entraîneurs et même joueurs du FC Barcelone n'hésitent plus à déclarer ouvertement leurs positions politiques en faveur d'une Catalogne indépendante ou du moins en faveur d'un referendum sur l'indépendance. Et comme ces personnes-là ont de l'influence et un accès direct aux médias, on devine facilement les répercussions.

Sur le terrain de la politique, l'historique rivalité entre le Real Madrid et le FC Barcelone est toujours attisée. Car le Madrid, c'est le club de la capitale, historiquement proche du pouvoir central et hostile aux mouvements indépendantistes.

Politique ou pas, s'il est une certitude, c'est que ces deux clubs ne pourront jamais passer sous pavillon étranger, comme c'est le cas de nombreux clubs de notre hexagone.

En effet, le statut de ces deux équipes : association à but non lucratif, et non société anonyme, les protège d'une éventuelle OPA étrangère. Ils n'appartiennent à personne en particulier, ou plutôt à beaucoup de monde, puisque juridiquement parlant, ils sont détenus par leurs *socios*. Ce sont eux qui, moyennant un droit d'entrée et une cotisation annuelle, sont propriétaires du club et peuvent élire ou destituer leur président, ainsi que les membres du conseil d'administration du club.

C'est un modèle intéressant dont nos clubs français auraient peut-être pu s'inspirer…

Mais tous les clubs espagnols ne bénéficient pas de cette particularité. L'autre club phare de la capitale, l'Atlético de Madrid, a récemment été racheté par un conglomérat chinois qui répond au doux nom de Wanda, comme le poisson. Le nouvel acquéreur a aussitôt doté le club d'un tout nouveau stade qu'il a baptisé : Wanda Metropolitano.

Dans les villes d'Espagne, l'appartenance ou le soutien à un club est également fortement symptomatique de sa classe sociale et de son opinion politique. Ainsi, à Madrid, les classes plutôt aisées soutiennent le Real, tandis que la classe ouvrière a toujours été proche de l'Atlético. À Barcelone, les indépendantistes sont du Barça, alors que ceux qui sont attachés au pouvoir central soutiennent l'autre club phare de la ville : l'Español, qui comme son nom l'indique est un club bien espagnol ! Même si, depuis peu, il a « catalanisé » son nom, en supprimant la ñ pour devenir : l'Espanyol.

En Espagne, c'est aussi dis-moi quel club de foot tu supportes et je te dirai qui tu es !

Vu la tension générée par les *clásicos*, matchs phares opposant le Barça et le Madrid, on se demande comment l'équipe nationale, composée essentiellement de joueurs issus de ces deux clubs, a réussi à remporter la coupe du monde en 2012 et deux fois de suite le Championnat d'Europe des Nations. Comment des joueurs qui n'ont jamais pu « se blairer », dixit le commentateur et ex-joueur Bixente Lizarazu, ont-ils réussi à faire ce qu'aucune équipe n'avait accompli par le passé ?

Il a fallu l'éclosion d'une génération de joueurs d'exception, qui a eu l'intelligence de mettre l'intérêt de leur équipe nationale (*la Roja* et non *la Rioja*…) au-dessus des querelles intempestives de leur club respectif.

L'autre mérite de cette équipe fut de réussir avec des joueurs de petit gabarit. Les maîtres à jouer de *la Roja*,

Xavi et Iniesta, (accusant tous deux moins d'un mètre soixante-dix sous la toise), ont démontré au monde entier que l'on pouvait être un grand footballeur, sans posséder des qualités athlétiques hors normes. On dit même que le succès de cette équipe (de même que celui du Barça, qui de surcroît compte dans ses rangs un certain Leo Messi, 1,70 m au garrot) a changé la perception que l'on a des « petits joueurs ». Je me réfère bien sûr à la taille. Avant la « jurisprudence Espagne-Barça » un joueur de petit gabarit n'avait aucune chance d'intégrer un centre de formation reconnu. Depuis le succès des footballeurs espagnols, les détecteurs de talents s'y prennent à deux fois avant de recaler un joueur, juste parce qu'il ne correspond pas aux standards athlétiques du moment.

Merci à l'Espagne pour ces bons moments… et pour cette belle contribution !

Mais rassurez-vous, tous les sportifs espagnols ne sont pas petits. Le joueur de basket-ball Pau Gasol, maintes fois vainqueur de la NBA du haut de ses 2,13 m n'est pas une exception. Excusez-moi du jeu de mots un peu facile, mais celui-là ne carbure pas au gasoil, ça, c'est sûr !

En revanche, les motards Pedrosa, Lorenzo ou Márquez, également de petite taille, et trustant depuis de nombreuses années les titres de champion de monde, rappellent qu'il ne suffit pas d'être grand pour être parmi les plus grands dans son sport.

Par ailleurs, vu de l'extérieur, on pourrait se demander pourquoi les Espagnols sont si forts sur deux roues ?

Il n'y a qu'à voir les villes ibériques pour comprendre le phénomène. L'Espagne est le pays d'Europe, avec l'Italie et la Grèce, qui compte le plus de motos par habitant. Ajoutons que le grand argentier des Grands Prix de deux-roues (l'équivalent de Bernie Ecclestone) se prénomme Carmelo Ezpeleta et il qu'il est… espagnol.

En Espagne, les deux-roues, c'est une façon commune de se déplacer, mais aussi un grand spectacle !

Sur quatre roues cette fois-ci, le héros local s'appelle Fernando Alonso. Il a été le premier champion du monde espagnol de Formule 1 et il est, aux dires des spécialistes, l'un des pilotes les plus doués de sa génération. Peut-être que dans quelques décennies, on dira pour signifier à quelqu'un qui roule trop vite : « Tu te prends pour Alonso ou quoi ? »

Car de nos jours, en Hispanie, c'est la référence au pilote brésilien Fittipaldi qui est employée, alors qu'en France on parle plus communément de Fangio. C'est tout de même curieux : Fangio était argentin, donc proche des Espagnols, et il fut le maître absolu de la F1 en son temps.

Oui, mais voilà, Fittipaldi ça sonne mieux pour les Espagnols… Faites l'expérience vous-même en répétant le mot : FI-TTI-PA-LDI et vous comprendrez… ! C'est si latin.

S'il est un sportif ibérique dont le talent met tout le monde d'accord, c'est bien Rafael Nadal.

Le matador de la raquette cordée, le prince de Roland-Garros, le roi de la terre battue. On manque cruellement de superlatifs pour décrire ce que ce tennisman a réalisé tout au long de sa carrière, à coup de « *Vamos !* », de coups droits liftés et de passing-shots ahurissants. Au moment où j'écris ces lignes, il vient tout juste de remporter un nouveau tournoi.

Nadal est tout simplement considéré comme le plus grand sportif espagnol de tous les temps. Mais au-delà de sa réussite sportive, il doit son immense popularité à son caractère et à sa personnalité. Le tennisman originaire de l'île de Majorque est aussi humble et disponible avec le grand public qu'il est combatif et agressif sur un court de tennis. Lui qui a récemment déclaré qu'être une « bonne » personne et bien se comporter dans la vie avec les autres vaut bien plus que tous les titres sportifs. Quelle belle philosophie de vie, quel bel exemple à suivre pour les jeunes !

Personnellement, je partage complètement ce point de vue, j'ai même écrit un roman à ce sujet.

Mais Rafael Nadal a quand même un gros défaut… Celui de ne pas être français !

Les Espagnols sont-ils forts dans tous les sports ?

Eh bien… pas toujours. Ils sont très bons dans les sports médiatisés, tels que le tennis, le football, le cyclisme ou la Formule 1. Mais si l'on scrute le tableau de médailles des derniers Jeux olympiques, les Ibériques ne pointent qu'à la quatorzième place des nations. Alors que notre hexagone a fièrement terminé septième, en gagnant plus du double de médailles que nos voisins du sud.

Cessons donc le *french bashing* et bombons le torse. Même s'il faut bien reconnaître qu'un titre de champion olympique de tir à l'arc ou de lutte gréco-romaine a moins de retentissement médiatique que de gagner un Tour de France ou Roland-Garros…

Existe-t-il une ombre au tableau idyllique que je viens de dresser de ces champions espagnols qui nous font tant rêver ?

Eh bien oui, malheureusement. Il ne s'agit pas d'une ombre, mais d'une rumeur qui peut s'avérer vraie… ou fausse.

C'est la suspicion du dopage. Dans certains sports, comme le cyclisme, on ne parle plus de rumeurs, mais de faits. Ce fut le cas de la peu glorieuse affaire *Puerto*. Je rappelle que *Puerto* est le nom de code de l'opération de dopage, organisée par un sulfureux médecin. Ce docteur Mabuse, qui fut en charge du suivi médical de nombreuses équipes cyclistes, est soupçonné d'avoir mis en place un système de dopage par transfusion sanguine. Après une perquisition, la découverte d'une poudre appelée « poussières de la mère Célestine », à base de protéase et destinée à faire disparaître toute trace d'EPO, a mis le feu aux poudres, si je puis m'exprimer ainsi. À la suite de cette affaire, un grand nombre de cyclistes espagnols furent rapatriés par la patrouille. N'ayant d'autres options que de reconnaître leur implication dans cette tricherie organisée, ils ont bénéficié de remise de peine, ce qui leur a permis de remettre la tête dans le guidon, peu de temps après ce passage aux aveux forcés, et comme si de rien n'était.

Triste période.

Encore plus spectaculaire fut la chute de Johann Mühlegg, un skieur de fond né allemand puis naturalisé espagnol. Dans la foulée d'un titre de champion du monde, cet athlète obtint la consécration sportive aux Jeux olympiques de Salt Lake City en 2002, remportant trois médailles d'or : 30 km libres, 10 km poursuite, puis 50 km classiques. Les médias ibériques s'enflammèrent aussitôt pour ce sportif qui était encore allemand trois ans auparavant, allant jusqu'à l'affubler d'un joli surnom très castillan : Juanito. Il faut dire qu'ils attendaient depuis 1992 une médaille aux Jeux olympiques d'hiver, l'Espagne n'ayant remporté que deux breloques dans toute l'histoire des JO hivernaux. Imaginez-vous donc, trois médailles, qui plus est en or et seulement en l'espace de quelques jours. C'était tout simplement du jamais-vu. Mais la joie fut de courte durée, car peu de jours après ses triomphes, Juanito fut disqualifié pour un contrôle positif à la darbépoétine, substance permettant d'augmenter le nombre de globules dans le sang et d'améliorer ainsi ses performances.

C'était trop beau pour être vrai.

Aux dernières nouvelles, l'ex-champion s'est installé au Brésil, travaille pour une entreprise de promotion immobilière et refuse de se retourner sur son passé sportif.

Et les médias espagnols, quand ils se réfèrent à lui, ne parlent plus de Juanito… mais de Johann Mühlegg ! Quelle histoire.

Permettez-moi quand même de vous donner mon opinion sur ces affaires de dopage. Je ne pense pas qu'elles soient uniquement propres à l'Espagne. Il n'y a pas si longtemps, l'affaire Festina mit également en scène des cyclistes français bien connus. Le dopage existe malheureusement partout, en Espagne comme ailleurs. Expliquer le succès des sportifs espagnols par le dopage est un raccourci bien facile et parfois une excuse pour justifier certains échecs sportifs.

Et de mes propres yeux, le seul dopage des Espagnols que j'ai pu observer était à base de... *Cuba libre* !

Pour conclure ce chapitre sur l'histoire d'amour entre les Ibériques et le sport, je ne peux m'empêcher de terminer sur une note quelque peu taquine.

Sachez que les Espagnols sont les spécialistes planétaires du *padel*. Pour ceux qui ne connaissent pas ce jeu, il est assez simple à décrire : prenez un court de tennis, coupez-le en deux et entourez-le de murs, un peu à la façon d'une piste de squash, afin que la balle puisse rebondir facilement, et vous avez un court de *padel*. Si j'ajoute qu'en général le *padel* se joue en double, vous comprendrez qu'on se fatigue au bas mot quatre fois moins en y jouant qu'en pratiquant le tennis.

Bref, c'est un jeu parfait pour le décrassage d'une soirée bien arrosée... telle que les Espagnols aiment tant.

La politique en Espagne

Dans un monde chaque fois plus global et uniforme, les particularités et singularités politiques propres à chaque pays ne cessent de surprendre.

L'Espagne n'échappe pas à cette règle, avec un système qui n'a pas son pareil en dehors de ses frontières. Et c'est une nouvelle fois son tumultueux passé qui en est le responsable.

Rappelons que le pays est une « jeune » démocratie, puisque les Espagnols ne peuvent exprimer librement leurs orientations et opinions politiques que depuis la fin des années soixante-dix, période dite de « transition démocratique ».

Rappelons aussi que le paysage politique espagnol pendant le régime franquiste (de 1940 à 1975) se résumait à un parti unique, la Falange, inspirée très fortement du modèle fasciste italien, c'est dire...

Bien entendu, aucune élection libre n'a été célébrée pendant cette très longue période.

La presse, même sous contrôle du gouvernement, fut régulièrement censurée, à la façon de celle d'un pays de l'Est avant la chute du mur de Berlin.

L'enseignement des langues régionales : basque, catalan et galicien entre autres, était formellement interdit, ainsi que leur usage en public, sous peine d'emprisonnement.

Le pays fut extrêmement centralisé sur sa capitale, Madrid, Franco ayant mis fin aux statuts des régions autonomes dès son accession au pouvoir.

L'armée était omniprésente. Les généraux, au-delà de leurs attributions militaires, remplissaient également des fonctions de ministre.

L'Église catholique occupait une place prépondérante dans la société civile, étant souvent responsable de la censure de la presse.

Politiquement parlant, le pays se trouvait très fortement isolé du monde, puisque Franco, ayant soutenu l'Axe formé par Hitler et Mussolini, avait délibérément tourné le dos aux vainqueurs alliés.

L'isolement se traduisait aussi d'un point de vue économique, à l'image symbolique de l'écartement des rails de chemin de fer, plus large de quelques centimètres que chez ses voisins européens, entravant ainsi les échanges commerciaux.

Petite précision tout de même : si le régime franquiste n'a rien fait pour remédier à cette anomalie, la différence d'essieux avait été décrétée au XIXe siècle, dans le but de protéger le pays d'une éventuelle invasion par voie de rails, et avec le souvenir encore vivace de l'époque napoléonienne.

Le 20 novembre 1975, le général Franco meurt et l'Espagne présente un nouveau visage.

Juan Carlos Ier est désigné chef d'État, seulement deux jours après la mort du généralissime.

Le roi hérite de tous les pouvoirs réservés par les lois de l'ancien régime et l'une de ses premières mesures est de promulguer une réduction de peine pour 9 000 prisonniers, pour la plupart politiques.

Une longue série de mesures démocratiques s'ensuit, telles que la libéralisation des syndicats et l'élection de la première assemblée constituante en 1977 : première élection démocratique depuis trente-sept ans !

S'il est une mesure qui concerna directement notre pays, c'est bien la légalisation du parti communiste, car elle permettra le retour en Espagne de nombreux anciens exilés républicains, ayant élu domicile dans nos frontières.

En 1978, la constitution espagnole est rédigée. L'un de ses articles phares est la reconnaissance de dix-sept communautés autonomes formant le pays, dotées d'un parlement propre et disposant de moyens et de compétences variables dans des domaines tels que l'éducation, la santé, la promotion de la culture régionale.

Cette constitution est toujours en vigueur de nos jours.

Il faut bien intégrer tous ces paramètres historiques pour mieux comprendre la situation actuelle et notamment les revendications séparatistes de certaines de ces régions.

Les dix-sept communautés autonomes qui forment l'Espagne possèdent de nombreuses compétences locales. Ainsi le Pays basque et la Catalogne disposent, par exemple, de leurs propres organes de police. Le Pays basque gère son système sanitaire, la collecte et la redistribution des impôts de ses concitoyens.

Toutes ces communautés disposent de leur propre parlement, de leur propre système d'éducation, de leurs propres tribunaux de justice et pour certaines d'entre elles, de leur propre langue.

Police, système sanitaire, impôt, langue, justice, système d'éducation, parlement (donc lois), les communautés autonomes espagnoles portent bien leur nom : oh que oui, elles sont autonomes !

À faire rougir d'envie un Corse, un Breton ou un Néo-Calédonien. C'est à croire que Madrid contrôle peu de choses.

On a beau chercher, il n'existe aucun pays au monde ayant accordé autant d'indépendance à ses régions.

L'Espagne est bien le pays le plus décentralisé de la planète.

Après les dures années de dictature, où le pouvoir basé à Madrid dispensait la pensée unique, le gouvernement fraîchement élu démocratiquement à la fin des années soixante-dix a dû lâcher du lest.

Beaucoup trop, diront certains, et surtout trop vite, diront d'autres. Car un retour en arrière est compliqué dans ce cas de figure. D'autant plus que les organisations armées telles que l'ETA ou les commandos paramilitaires, comme le GAL, ont accru le fossé entre compatriotes espagnols.

Poussés par le dynamisme économique de leur région et son trop fort ancrage culturel local (notamment sa propre langue), beaucoup de Catalans ne veulent plus être espagnols. Ils revendiquent haut et fort leur droit de choisir leur destinée, par le biais d'un referendum. Rappelons que la Catalogne possède le PIB le plus élevé d'Espagne, pour le cinquième de sa population. Barcelone est la ville la plus visitée du pays. On parle donc d'un véritable contre-pouvoir au sein d'une même nation, à l'image de Rome et Milan en Italie.

Le Pays basque reste (pour l'instant) en embuscade, observant avec beaucoup d'attention ce qui se passe chez son voisin de l'est. C'est le fameux « *wait and see* ». Nul doute que si un referendum d'autodétermination était finalement accordé aux Catalans, leurs voisins basques exigeraient le même droit, au minimum... et d'autres communautés pourraient rapidement leur emboîter le pas. C'est le danger de créer un « antécédent ».

Y a-t-il des solutions possibles ?

À court terme oui. Pour « calmer » des esprits très échauffés ces derniers temps, Madrid pourrait lâcher encore plus de lest et concéder à la Catalogne les mêmes droits qui ont été concédés au Pays basque : la gestion par la communauté catalane de la collecte et de la redistribution de ses impôts. La gestion de son système sanitaire. Mais à long terme, nul doute que les Catalans ne s´en contenteront pas, leur objectif ultime étant de devenir une nation à part entière, totalement séparée du Royaume d'Espagne : la République de Catalogne.

À long terme, une autre solution est possible : une confédération d'États englobant à la fois des communautés autonomes, telles que celles existantes, et des États indépendants.

Mais ce n'est qu'une opinion très personnelle, voire une utopie.

L'avenir nous le dira.

Une chose est certaine, seul le dialogue permettra d'avancer. Et c'est justement le plus grand problème que connaît l'Espagne à l'heure actuelle.

Jusqu'à maintenant, la politique ibérique se résumait à un système bipolaire de deux partis uniques ultra dominateurs : à droite le Parti populaire (PP) et à gauche le Parti socialiste. Régionalement, il y avait bien des partis satellites indépendantistes, tels que le PNV (Parti nationaliste basque) ou la CUP (Candidature d'unité populaire) en Catalogne, mais sans grande incidence au niveau national.

Depuis peu, deux nouveaux partis ont émergé avec force : Podemos (nous pouvons), un parti populiste de gauche dirigé par le charismatique Pablo Iglesias, trentenaire plus habitué à porter le catogan que la cravate, et Ciudadanos (les citoyens), un parti centriste qui se dit progressiste et libéral. Un équivalent de notre République en marche !

Le tremblement de terre a eu lieu lors des élections de 2016, quand Ciudadanos et Podemos ont conquis à eux deux plus de députés au parlement espagnol (les *Cortes*) que l'historique Parti socialiste, chatouillant de près l'hégémonie du Parti populaire.

Avec ce nouveau paysage politique plus hétéroclite que jamais si l'on ajoute les députés indépendantistes, le

Premier ministre, Mariano Rajoy, a bien du mal à faire entendre sa voix, conquérir des voix, et trouver une voie pour apaiser les tensions.

Il doit composer, dialoguer, voire négocier. Mais malheureusement, ce n'est pas le style de la maison... Ce n'est pas moi qui le dis, mais à l'unisson tous les partis politiques espagnols, sauf le parti de Rajoy (PP) bien évidemment.

Sur la table des négociations, il y a le transfert des compétences de Madrid vers ses communautés autonomes. Chaque région négocie unilatéralement en fonction de ses intérêts, de ses convictions et de son historique. C'est ainsi que le Pays basque a obtenu, et de loin, le statut comprenant le plus de compétences locales. Bien plus que les seize autres régions. Et bien plus que la Catalogne. C'est aussi pour cela que les revendications indépendantistes basques se font moins entendre depuis quelques années. Cela est le fruit de longues négociations, avec le démantèlement de l'ETA en toile de fond. Même si, aux dires des dirigeants basques, Madrid tarde encore à respecter le calendrier des transferts promis, revendication que partagent la plupart des autres communautés, dont la Catalogne principalement.

On peut estimer que l'origine du nouveau soulèvement catalan est en partie due au recadrage par Madrid d'un nouveau statut (*Estatut*) régissant la Catalogne. Ce statut avait été adopté majoritairement par les parlementaires régionaux en 2006, puis lors d'un referendum (légalisé cette fois-ci) auprès de leurs concitoyens. Après des années de bataille juridique, le Parti populaire a fait annuler par le tribunal constitutionnel quatorze articles de ce statut. Entre autres : l'inscription du concept de « nation catalane » dans le statut et la définition du catalan comme langue préférentielle sur le castillan. Justement deux articles qui tenaient particulièrement à cœur aux indépendantistes catalans...

C'est ce nouvel affront, jugé totalement antidémocratique par les séparatistes, conjugué à l'absence de dialogue avec le gouvernement national en place, qui a provoqué le referendum unilatéral du 1er octobre 2017, puis dans la foulée la déclaration unilatérale d'indépendance. Avec les conséquences que l'on connaît...

Résurgences du passé, mesures considérées comme antidémocratiques, convalescence d'une longue crise économique, absence de dialogue, faible majorité du parti au pouvoir : voilà pourquoi nous en sommes arrivés là aujourd'hui.

Mariano Rajoy a beau s'accrocher à la Constitution afin de préserver contre vents et marées l'unité de l'Espagne, et notamment à son article 2 : *« La Constitution est fondée sur l'unité indissoluble de la nation espagnole, patrie commune et indivisible de tous les Espagnols. Elle reconnaît et garantit le droit à l'autonomie des nationalités et des régions qui la composent et la solidarité entre elles. »*

Mais le navire prend l'eau. Inévitablement, inexorablement.

Et le roi dans tout cela ?

Partagé entre son devoir d'impartialité politique et son statut de garant de la Constitution, il se doit de rester en marge des débats, tout en intervenant si l'unité de l'Espagne est menacée.

Bref, une position très inconfortable, puisqu'entre deux chaises. Peut-être devrais-je plutôt écrire... entre deux trônes !

D'autant plus que les indépendantistes ibériques, à la différence de leurs homologues britanniques, ont en ligne de mire la république comme modèle politique, et non la monarchie parlementaire.

Pas de Commonwealth en vue donc.

Bien que préparé au pouvoir depuis son plus jeune âge, Felipe est un jeune roi, intronisé au moment même où son pays traversait la pire crise économique de son histoire. Les frasques de son père qui, je le répète, est pourtant adoré des Espagnols, conjuguées aux déboires judiciaires de son beau-frère, ont indéniablement écorché l'image de la monarchie. Et elles ont, par la même occasion et malgré lui, affaibli l'aura politique de ce nouveau roi.

Felipe VI, aidé ou non par le gouvernement en place, a donc bien des défis à relever.

C'est toute l'unité de l'Espagne qui est en jeu et le devenir de sa monarchie.

Un petit tour d'Hispanie

L'équivalent de notre Tour de France, sur les chaudes routes bitumées ibériques, s'appelle *La Vuelta*.

Je vous propose donc une petite *Vuelta* virtuelle, afin de mieux comprendre les différences géographiques et culturelles de notre voisin du sud.

Commençons par quelques données topographiques qui en surprendront plus d'un.

Avec la Suisse, l'Espagne est le pays le plus montagneux d'Europe et Madrid, avec ses 600 mètres d'altitude, est la capitale la plus haut perchée de notre vieux continent. Quand on pense à l'Espagne, je doute que l'on ait tout de suite en tête la vision d'un paysage montagneux, comme on peut l'avoir de l'Autriche, de la Suisse ou même de la France.

Il y a bien sûr les Pyrénées, que nous partageons avec eux, mais les Ibériques se taillent la plus grande part du lion, puisque la majorité de la chaîne est située en Espagne. Toujours au nord se trouvent les pics d'Europe, un surprenant massif longeant l'océan et culminant à plus de 2 600 mètres. La région de Madrid abrite même quelques stations de ski. Et l'Andalousie n'est pas en reste, avec les pentes enneigées de la Sierra Nevada, d'où l'on peut apercevoir la mer... qu'on voit danser !

En Espagne, la montagne est bien omniprésente.

Mais rassurez-vous, dans un registre plus conforme aux clichés, la péninsule regorge de régions très arides, voire désertiques. Il y a par exemple le surprenant Bardenas en Navarre, situé seulement à quelques encablures du Pays basque, région qui ne s'est jamais caractérisée par sa sécheresse... On dit même qu'il ne pleut que deux fois par an dans le Pays basque, mais qu'à chaque fois, cela dure six mois !

Il y a également le désert de Tabernas, localisé près d'Almería et qui a servi de décor à de nombreux films, notamment de la glorieuse époque du western spaghetti. *Lawrence d'Arabie*, *Cléopâtre*, *Conan le Barbare*, *Indiana Jones*, entre autres, ont été aussi tournés sur le sable de Tabernas, que l'on a parfois surnommé à raison le Hollywood européen.

L'Espagne, c'est aussi des villes, et même de très grandes villes. Si dans notre hexagone, seulement trois agglomérations dépassent la barre du million d'habitants, de l'autre côté des Pyrénées, pas moins de cinq villes franchissent ce chiffre : Madrid, Barcelone, Valence, Bilbao et Séville. L'Espagne a beau ne compter que quarante-six millions d'âmes, soit un tiers de moins qu'en France, elle s'étend sur une superficie presque similaire à celle de notre hexagone.

Les Espagnols se sont donc concentrés dans des zones urbaines et cela contraste avec l'image plutôt rurale que l'on a de nos voisins du sud.

D'une région à l'autre, les us et coutumes sont bien différents et les impressions également.

Le Catalan est perçu par ses compatriotes comme nous percevons l'Écossais, c'est-à-dire comme quelqu'un de très près de son portefeuille. La plupart des histoires drôles sur les Catalans se réfèrent à leur avarice. En voici une, d'un humour bien caustique.

Un Catalan avait promis à sa fille un baptême de l'air pour son anniversaire. Il négocia en ces termes avec le pilote :

— Combien me coûtera un vol d'une heure ?
— Quatre cents euros, lui répondit le pilote.
— Et une demi-heure ?
— La demi-heure, c'est la moitié : deux cents euros.
— Ouf, c'est vraiment beaucoup d'argent. Vous n'avez rien de moins cher ? demanda le Catalan.
— Écoutez, je vous propose un marché : si vous êtes capable de ne pas prononcer un mot pendant tout le vol, eh bien il sera gratuit.
— Marché conclu !
Le père de famille et sa fille montent alors dans l'avion et le pilote s'en donne à cœur joie pour transformer ce baptême de l'air en baptême de haute voltige : looping, descente vertigineuse, coupage de moteur, tout y passe. Le Catalan reste implacablement muet pendant tout le vol. Après avoir atterri ; le pilote, interloqué par la résistance de son passager, lui demande :
— Mais comment avez-vous donc fait pour rester impassible pendant toutes ces pirouettes ?
— Pour être très honnête, j'ai quand même failli crier une fois, quand ma fille est tombée de l'avion.

Déroutants, ces Catalans !

De même que nous avons « nos » Catalans en France, nous avons « nos » Basques, mais ceux d'Espagne sont beaucoup plus nombreux et de ce fait, bien plus présents dans le paysage socioéconomique du pays. Le cliché physique du Basque barbu et portant fièrement le béret est également de mise, mais les Basques, en particulier ceux de Bilbao, jouissent d'une curieuse réputation : celle d'être exagérément fiers de leur ville et de leur condition. C'est ainsi que pendant les Jeux olympiques de Barcelone, ils se plaisaient à annoncer que les JO se déroulaient à 600 kilomètres de Bilbao, sans jamais mentionner le nom de la capitale catalane !

Au nord de l'Espagne et juste au-dessus du Portugal se trouve la Galice, avec ses trois villes emblématiques : La Corogne, Vigo et bien sûr Saint-Jacques-de-Compostelle. Cette région qui vit en grande partie de la pêche (et de Zara, puisque son siège social y est établi), est la plus recluse d'Espagne. Elle pourrait s'apparenter à notre Bretagne, si ce n'est que le Galicien est perçu ici comme nous percevons le Normand. En d'autres termes, le Galicien n'a jamais un avis tranché et vous répondra toujours avec une formulation de phrase ambivalente, du type : « p'tèt ben qu'oui p'tèt ben qu'non ». Curieuse manie !

De même que les Basques, les Galiciens ont été de grands explorateurs, notamment en Amérique latine. Ainsi, de nombreux Sud-Américains se vantent fièrement de leurs origines galiciennes. Une traçabilité qui se vérifie d'ailleurs facilement grâce à la lecture de leur nom de famille, comportant bien souvent un « X », lettre très employée en Galice.

Et le Madrilène dans tout cela ? S'il a eu un grand-oncle galicien ou un arrière-grand-père basque, il va revendiquer avant tout cette origine, comme si le fait d'être de Madrid n'était pas un honneur en soi. Lorsque j'étais étudiant à Paris, j'avais remarqué le même phénomène. J'ai croisé plus de Bretons dans la capitale française que lorsque je suis allé en Bretagne. Cherchez l'erreur ! Il ressort avec évidence de cela que l'on est toujours moins fier d'être originaire d'une capitale que d'une région plus isolée.

Entre la Galice et le Pays basque, il y a la principauté des Asturies. Curieuse appellation pour une région d'Espagne, alors que la principale principauté que nous connaissons est celle de Monaco, un pays à part entière.

Les Asturies ont obtenu ce statut lorsque l'héritier de la couronne d'Espagne a obtenu le titre de prince des Asturies au XIVe siècle. Ainsi, Juan Carlos Ier et Felipe VI ont tous deux été prince des Asturies, avant d'être roi d'Espagne. De même que le prince Charles est prince de Galles, avant d'être roi. On parle donc d'une région très royaliste et fondamentalement espagnole, ce qui contraste bien évidemment avec ses voisins basques, voire galiciens. Les plus prestigieuses récompenses espagnoles s'appellent « prix Princesse des Asturies », du nom de la fille aînée de Felipe VI, Leonor de Bourbon, qui a hérité du titre depuis le couronnement de son père. Et ils sont attribués lors d'une cérémonie protocolaire à Oviedo, capitale de la région.

Autre clin d'œil à l'histoire, la reine Letizia est aussi originaire des Asturies, puisqu'elle a passé la plus grande partie de sa jeunesse à Oviedo, avant d'épouser… le prince de sa région !

Juste en dessous des Asturies se trouve la plus vaste région d'Espagne : la Castille-et-León. C'est une grande région, mais pas uniquement d'un point de vue géographique, puisque selon l'UNESCO, c'est le territoire au monde comptant le plus de biens culturels distingués. L'office du tourisme annonce fièrement : 112 sites historiques, 400 musées, plus de 500 châteaux, douze cathédrales et la plus grande concentration d'art roman de la planète. Des chiffres à susciter l'envie d'une Toscane ou d'une Lombardie, pourtant pas mal desservies par l'Histoire.

La bagatelle de 60 % du patrimoine espagnol (architectural, artistique, culturel…) serait concentrée en Castille-et-León.

On doit ce riche héritage à l'époque romaine principalement, mais aussi aux Celtes, Vaccéens, Autrigons et autres vagues d'assaillants ayant sévi sur le territoire.

Une grande partie de la région est également traversée par le chemin de Compostelle, ce qui a contribué à sa renommée internationale.

En dessous de Madrid, et plus à l'est, on retrouve une autre Castille : la région de Castille-La Manche. C'est un territoire en grande partie désertique et très peu peuplé. Tolède en est sa capitale. L'attrait touristique de la région est principalement constitué de nombreux moulins à vent situés au sommet de petites collines. Ce sont ces mêmes moulins que Cervantes a mis en scène dans son livre *Don Quichotte de la Manche,* dont le nom de l'ouvrage évoque le territoire.

De nos jours, c'est le cinéaste Pedro Almodóvar, très attaché à ses origines « *de la Mancha* », qui personnifie cette région. Les temps ont tout de même bien changé...

En dessous de la Castille-et-León et entre Madrid et le Portugal se trouve la région de l'Estrémadure. Étymologiquement parlant, son nom viendrait du latin : *extrema dorii* (extrêmes du Duero), une référence à la position géographique de cette région située au sud du fleuve Duero. Mais c'est sans doute son inhospitalier climat (extrêmement chaud l'été et très rigoureux l'hiver) qui a donné à cette partie de l'Espagne son surnom : l'Extrêmentdure. Les mauvaises langues diront même que si cette région a vu naître de nombreux conquistadors : Pizarro, Núñez de Balboa, Hernán Cortés entre autres, c´est justement parce qu'ils avaient fui l'Estrémadure !

Tout le sud de l'Espagne est accaparé par l'Andalousie, la deuxième plus vaste région du pays et la plus peuplée. Il faudrait un livre entier pour décrire les trésors architecturaux et culturels qui la composent : de la mosquée de Cordoue à l'Alhambra de Grenade, en passant par les villes de Séville, Ronda, Cadix, Malaga,

Marbella, le flamenco, la tauromachie, la sévillane, etc. Évitant de transformer ce livre en guide touristique, je vais rester sur d'odieux stéréotypes pour vous décrire comment est perçu l'Andalou au-delà de sa région. Il est certes apprécié et reconnu pour ses qualités artistiques, comme chanteur ou danseur entre autres ; en revanche, on ne peut pas affirmer qu'il soit perçu comme un très grand travailleur, c'est le moins qu'on puisse dire. La canicule que subit cette région durant une grande partie de l'année refroidit certainement aussi beaucoup d'ardeurs. L'Andalou est également connu pour sa dévotion pour la religion. Il n'y a qu'à voir les processions organisées pendant la Semaine sainte pour s'en rendre compte. À la nuit tombante, des statues de saints illuminées par des bougies sont portées à flanc d'épaule par les membres de confréries. Et tout cela avec un assourdissant bruit de tambours en arrière-plan. Le spectacle est grandiose et provoque une grande émotion, que l'on soit catholique ou pas.

L'Espagne, c'est aussi des milliers de kilomètres de côtes à qui l'on donne des noms : Costa Brava, Costa Dorada, Costa Blanca, Costa Cálida, Costa del Sol. Un ami espagnol qui habite au bord de la mer, mais dans un lieu fortement urbanisé, m'a bien fait rire quand il m'a dit qu'il habitait sur la Costa… grise !

Beaucoup de retraités, principalement du nord de l'Europe, ont établi leur résidence principale sur les côtes ibériques, attirés par la douceur du climat et une vie encore très bon marché. Du côté d'Alicante ou de Marbella, on croise déjà plus de Britanniques que d'Espagnols, été comme hiver. De nombreuses radios locales sont même diffusées dans la langue de Shakespeare. Ces expatriés britanniques furent les plus fervents détracteurs du *Brexit*. On les comprend, car une très probable dévaluation de la livre, quand le Royaume-Uni sortira de l'Union européenne, affectera le montant de leur retraite et leur pouvoir d'achat sur le sol hispanique.

La région de Valence est non seulement connue pour ses délicieuses paellas, mais également, paraît-il, pour sa forte concentration de *macarra*. À l'origine, le mot *macarra* s'employait pour décrire un maquereau, c'est-à-dire une personne vivant des revenus d'une prostituée. Avec le temps, son sens a changé et *macarra* s'emploie aujourd'hui pour décrire une personne aux goûts « particuliers ». Le *macarra* est par exemple un adepte du *tuning*, une action qui consiste à personnaliser son véhicule, non seulement pour améliorer ses performances, mais aussi pour attirer l'attention. Le *macarra* va défiler dans les rues de sa ville avec sa voiture « tunée » et la musique au plus haut de son volume. Le *macarra* est aussi un fanatique d'accessoires vestimentaires tape-à-l'œil, tels que de grosses chaînes en or, ou de reluisantes boucles d'oreille.

Le groupe marseillais IAM aurait pu chanter *Je danse le mia* à Valence !

Impossible de passer en revue toutes les régions d'Espagne et leurs habitants, mais vous qui lisez ce livre, vous en savez peut-être plus que moi, si vous faites partie des presque 80 millions de personnes visitant le pays chaque année !

Vue d’une côte d’Espagne qui n’est pas si grise…

Comment les Espagnols voient-ils les Français ?

Comme première réponse à cette question, on peut déjà dire… qu'ils nous voient d'en bas !

D'abord, parce que géographiquement, l'Espagne est juste en dessous de la France. D'autre part, parce qu'ils ont en général une opinion très positive des Français. J'irai même jusqu'à dire qu'ils nous admirent, car pour la très grande majorité des Ibériques, la France c'est « mieux » que l'Espagne.

Mieux puisqu'économiquement, c'est plus solide, politiquement, c'est plus démocratique et « humainement » c'est plus social.

Quand on sait qu'en Espagne, il n'y a pas de RSA, que les indemnités de chômage sont largement plafonnées, que leur SMIC est la moitié du nôtre et que le bipartisme a régné pendant quarante ans… eh bien, ils n'ont pas vraiment tort, ces Espagnols !

De surcroît, ils adorent visiter notre pays. La France est régulièrement choisie comme première destination touristique des Ibériques.

Au-delà de la proximité géographique, il y a un véritable attrait pour des valeurs communes, comme le patrimoine historique, culturel, mais aussi, ne nous le cachons pas, la gastronomie et le bon vin. Il est clair que les Ibériques, à l'inverse des habitants des pays nordiques, ne viennent pas chercher chez nous le soleil ou les plages de sable fin. Pour cela ils en sont bien lotis, et de meilleure façon que nous.

Et puis en France il y a… Paris.

Notre capitale les fascine et il y a de quoi, il faut bien l'admettre. Barcelone a beau avoir sa Sagrada Família, Madrid sa Gran Vía, Séville son Alcázar, Paris reste Paris.

Quand les Espagnols se réfèrent à la capitale française, ils la définissent comme « la ville de l'amour » ou « la ville de la lumière ». Ils la considèrent comme le lieu le plus romantique au monde. Les tour-opérateurs profitent de cette aubaine pour programmer notre capitale comme escapade romantique, pour couples en mal d'amour, au même titre que Venise. Et si l'on ajoute à cela que l'actuelle maire de Paris, Anne Hidalgo (Ana Hidalgo devrais-je plutôt écrire) est d'origine espagnole, vous comprendrez que les liens entre Paris et les Ibériques, c'est du solide !

Et puis à côté de Paris, il y a… Disneyland. Et nos voisins du sud en raffolent. Les statistiques sont sans appel : juste après les Britanniques, les Ibériques sont les plus nombreux à visiter le célèbre parc. Pas rancunier, ces Espagnols, quand on sait que l'état-major de la petite souris aux grandes oreilles a longtemps hésité entre la France et l'Espagne pour son implantation européenne.

D'un point de vue sémantique, il est intéressant de savoir que les Espagnols continuent à nous appeler « Gaulois » (*Galos*), dans des circonstances plutôt flatteuses. Par contre, si vous entendez les mots « *Gabacho* » ou « *Franchute* » sortir de la bouche d'un Ibérique, ses intentions à votre égard sont bien moins amicales. *Gabacho* et *Franchute* sont les mots péjoratifs par excellence pour parler des Français. Un peu comme notre Rosbif pour nos amis anglais, le très affectueux Amerloque pour les ressortissants des USA ou le Rital pour nos cousins italiens.

Il faut dire aussi que les tensions entre nos deux pays ont connu leur apogée il n'y a pas si longtemps que cela. Il y a seulement deux siècles !

Je me réfère à la guerre d'indépendance espagnole qui nous opposa à partir de 1808. Après la terrible défaite de Trafalgar (où Français et Espagnols luttèrent ensemble), Napoléon s'en prit au Portugal, coupable d'avoir soutenu le Royaume-Uni en lui ouvrant ses ports. En envahissant le Portugal, il profita par la même occasion d'un coup d'État parricide entre les rois Charles IV (le père) et Ferdinand VII (le fils), pour mettre la main sur l'Espagne et placer son frère, Joseph, sur le trône vacant.

La suite n'a pas donné raison à notre glorieux empereur, qui n'eut d'autre choix que de replier ses troupes, après un siège qui mina ses forces pendant près de six ans.

De sa retraite forcée de Sainte-Hélène, le célèbre Corse avoua que cette malheureuse guerre d'Espagne avait été la cause première des malheurs de la France. À cause notamment du grand nombre de soldats mobilisés pour le conflit (300 000 au bas mot). L'Espagne fut un piège et un boulet pour la politique expansionniste de l'empereur.

Les Espagnols, eux, gardent un fier souvenir de cette guerre. Unis malgré leurs divergences, ils ont réussi à repousser l'armée française, ce qui à cette époque n'était pas une mince affaire. Toutefois, à la sortie de la guerre, l'Espagne était dévastée et elle rata le virage de la modernisation agricole et industrielle du XIXe siècle.

L'un des symboles de la guerre d'indépendance est le célèbre tableau de Goya : *El tres de mayo*. Il dépeint majestueusement une fusillade de rebelles par les troupes napoléoniennes, à la suite du soulèvement anti-français du 2 mai 1808.

On prête aussi aux troupes de l'empereur l'origine du quartier madrilène de Chamberí. Selon certains historiens, durant le soulèvement du 2 mai, les troupes françaises du régiment de Chambéry auraient établi un cantonnement à l'actuel emplacement de la *Plaza de Chamberí*. Entre-temps, le mot Chambéry a perdu un « y » et gagné un « í », en s'espagnolisant.

Pour l'anecdote, les Ibériques n'ont pas gardé de rancune à l'égard de Joseph Bonaparte, puisqu'ils l'ont affectueusement rebaptisé « Pépé Botella », en hommage à son amour pour la boisson alcoolisée.

Et si nous avons envahi l'Espagne, nous nous sommes bien rattrapés par la suite, en accueillant de nombreux Ibériques, déclarés persona non grata, juste après la sanglante guerre civile espagnole du XXe siècle.

La France a été, et de loin, la première terre d'asile pour ces partisans de la république. Le peintre Pablo Picasso est l'un des symboles de ces exilés politiques espagnols. Personnage plutôt bien intégré, puisque sa dernière femme et une partie de sa descendance sont désormais françaises, avec les problèmes de succession qui en découlent.

Pendant la période d'après-guerre, la rigidité du régime a fait rater à l'Espagne la révolution consommatrice des fameuses Trente Glorieuses. Ainsi eut lieu un nouvel exode massif d'Ibériques venus chercher en France le travail qu'ils ne trouvaient plus dans leur pays.

La ville de Toulouse, dont une large partie des habitants est d'origine ibérique, en est un symbole. Mais il n'y a pas qu'à Toulouse que l'on trouve des traces de la diaspora espagnole. Où que vous viviez dans l'Hexagone, n'avez-vous pas dans vos connaissances un Perez, Fernandez, Sanchez ou Garcia ?

Et puis, il y a ces célèbres Français qui ont tous comme point commun leurs origines ibériques. La liste est non exhaustive : Jean Reno, José Garcia, Frédéric Lopez, Michel Hidalgo, François Fabian, Jean-Marie Cavada, Manu Chao, Raymond Domenech, Luis Fernandez, Éric Cantona, Patrick Hernandez, Olivier Martinez, David Pujadas… Même Louis de Funès a des origines espagnoles !

Sans oublier le magicien Garcimore et son expression devenue mythique : « Cha marche pas », qui a bercé l'enfance d'une génération.

Il y a même eu un terme péjoratif, et bien heureusement aujourd'hui peu usité, pour qualifier ces Français d'ascendance espagnole : les Espingouins.

Si par le passé Pépé Botella était le Français le plus connu de l'autre côté des Pyrénées, les temps ont bien changé puisque c'est le footballeur Zinédine Zidane qui jouit maintenant de cette popularité. Après avoir fait les beaux jours du Real Madrid comme joueur, il en est devenu l'entraîneur et c'est ce qui l'a définitivement propulsé au zénith des personnalités les plus populaires. Zidane est le plus espagnol des sportifs français, et le plus français des sportifs en Espagne.

Il y a également un autre Français extrêmement populaire en Hispanie. Celui-ci n'est pas footballeur, mais chanteur et son nom de scène est : Stromae. Les Espagnols sont fanatiques de l'auteur de *Papaoutai*, qui bat record sur record à chaque sortie de disque.

À ce moment-là, vous pensez : mais qu'est-ce qu'il est en train de nous raconter ? Stromae n'est pas français, puisqu'il est belge.

Et vous avez raison ! Mais c'est sans doute parce qu'il chante en français que de nombreux Espagnols pensent qu'il est issu de notre hexagone.

Dommage pour nous, celui-là, tout comme Nadal, on l'aurait bien adopté !

En plus de notre Zizou national, combien y a-t-il de Français résidant en Espagne ?

Selon les statistiques, nous sommes près de 90 000 chanceux à y avoir élu domicile, ce qui place l'Espagne comme sixième destination mondiale pour les Français expatriés. J'écris « chanceux », car en vingt ans, je n'ai jamais rencontré un compatriote se plaignant d'habiter en Hispanie, bien au contraire.

En cherchant bien, oui, tout de même, une fois. Lors d'un dîner franco-français, mon voisin de droite, qui s'apprêtait à quitter le pays, me confia que c'était sans regret, puisqu'il n'avait pas du tout aimé son expérience espagnole (ni le pays, ni ses habitants), pendant ces deux années passées. À tout hasard, je lui demandai s'il parlait le castillan, et quel ne fut pas mon étonnement quand il me rétorqua qu'il n'avait pas eu le temps d'apprendre la langue.

Mais deux ans, c'est quand même long, et l'espagnol ce n'est pas si difficile à apprendre ?

Chacun est comme il est, mais force est de constater qu'il est difficile de s'intégrer dans un pays et de « comprendre » ses habitants si l'on ne fait pas un minimum d'effort pour parler leur langue.

Depuis cette soirée, j'évite les dîners trop franco-français...

On dit que l'on pleure deux fois dans le Nord, quand on arrive et quand on repart. Eh bien, en Espagne, on ne pleure qu'une fois et c'est quand on s'en va !

En restant sur le sujet du départ, comme autre curiosité sémantique, clin d'œil entre nos deux pays, on dit « *salir a la francesa* » (sortir à la française) pour décrire l'action de partir d'un lieu sans dire au revoir. C'est l'équivalent de notre « filer à l'anglaise ». L'origine de cette expression viendrait des fêtes organisées dans les milieux bourgeois français du XVIIIe siècle, où dire au revoir était interprété comme un désir de s'en aller, et donc comme une mauvaise manière. C'est surprenant de voir qu'avec le temps, c'est partir sans dire au revoir qui est devenu de mauvaise éducation.

Et les Espagnols, que pensent-ils des autres nations ?

Les étrangers sont familièrement appelés les *guiris.* Le mot viendrait de *guirigay* signifiant charabia (langage difficile à comprendre) ou du mot *guiristino* (cristino), qu'employaient les Basques pour désigner les partisans de la régente Christine par opposition aux carlistes (qui soutenaient le roi) pendant les guerres civiles d'il y a deux siècles.

Si les Espagnols se moquent parfois des étrangers, c'est peut-être aussi parce que leurs côtes sont littéralement envahies une très grande partie de l'année. Venu chercher le soleil, la mer, mais aussi une vie moins chère et la boisson bon marché, le touriste en Espagne ne fait pas que des heureux. C'est ainsi qu'en exagérant, on parle de l'île de Majorque comme du dix-septième Länder allemand ou de la Costa Blanca comme d'un membre du Commonwealth britannique ! Opinion ambivalente certes, car le tourisme reste le moteur économique du pays, qu'il soit de masse ou pas.

Ce livre s'intitule *Bienvenue chez les Ibériques*, mais je ne me réfère qu'aux Espagnols, ignorant les Portugais qui sont autant ibériques que leurs voisins péninsulaires.

N'ayant jamais vécu au Portugal, je ne peux m'exprimer sur ce peuple, en revanche j'ai pu observer que les Espagnols n'ont pas le « plus grand » intérêt pour les Lusitaniens. Je ne dirai pas qu'ils les ignorent... mais presque. Pourtant, la grande majorité des Portugais parle le castillan, ce qui n'est pas le cas pour les Espagnols avec la langue portugaise. Cela dit, en baragouinant un « *portuñol* », savant mélange des deux langues, on se fait parfaitement comprendre dans les deux pays.

Autre fait illustrant mon propos, l'Espagne est le premier partenaire économique du Portugal, alors que le Portugal ne figure qu'en troisième position dans la hiérarchie de ses transactions internationales, bien après la France et l'Allemagne. Les Espagnols préfèrent lever la tête pour voir ce qui se passe dans notre hexagone, plutôt que de se tourner sur leur gauche (ou sur leur droite). En France, nous faisons un peu la même chose, observant avec toujours plus d'intérêt ce qui se passe chez nos voisins allemands, plutôt qu'en Suisse ou en Belgique. Le voisin, s'il est puissant, a toujours les faveurs du public.

Tout comme le Portugal, l'Espagne a un lourd passé colonial et ceci grâce à... un Italien ! Ironie de l'histoire, car c'est après un refus du roi du Portugal, que le Génois Christophe Colomb parvint à convaincre les Rois catholiques, Isabelle de Castille et Ferdinand II d'Aragon, de financer ses expéditions. Autre chassé-croisé entre les deux pays : l'explorateur portugais Fernand de Magellan, voyageant pour le compte de l'Espagne, est à l'origine de la colonisation des Philippines. De nos jours, il est assez surprenant de constater que la pelote basque, importée par les colons, est l'un des sports préférés des Philippins !

La Guinée équatoriale, qui fut avec le Sahara espagnol l'unique colonie espagnole africaine, a d'abord été portugaise. Il est clair que ces voisins ibériques ont de nombreux points communs.

En résumé, nous, Français, sommes plutôt bien lotis dans le cœur des Espagnols. Essayons de tout faire pour qu'ils ne changent pas d'avis.

Jean Cocteau avait eu cette magnifique formule pour nous décrire : « Un Français, c'est un Italien de mauvaise humeur. »

Qu'aurait-il pu dire d'un Espagnol ?

LEXIQUE FRANCO-ESPAGNOL

Avant de conclure ce livre, un lexique, un peu particulier et surtout très taquin (ne m'en veuillez pas, c'est pour rire), afin d'évaluer vos connaissances sur les Ibériques.

A.

Abrazo

Chaleureuse accolade qui remplace la bise.

Abril (Victoria)

Ex-muse d'Almodóvar et plus française des actrices espagnoles.

Almodóvar (Pedro)

Cinéaste de génie, même si ses films ne sont pas toujours faciles à comprendre.

Auberge

Lieu paisible où l'on vient se restaurer, voire dormir, mais qui curieusement devient un foutoir en s'espagnolisant.

B.

Banderas (Antonio)

Acteur espagnol qui a percé à Hollywood, avant de percer le cœur de Melanie Griffith.

Barça

« *Més que un club* » : beaucoup plus qu'un club de football… C'est aussi une ville.

Botella

Récipient préféré des Ibériques. Également nom de famille d'une ex-première dame.

Buena

Mot avec un double sens quand il définit une fille.

C.

Calatrava (Santiago)

Architecte contemporain originaire de Valence, et dont le train-train quotidien est de dessiner des gares. Auteur entre autres de la gare de Lyon-Saint-Exupéry.

Castille-et-León

Selon l'UNESCO, région du monde comptant le plus de biens culturels distingués. Il est donc impossible d'affirmer : « Reviens, Léon, j'ai les mêmes à la maison ».

Catalan

Ibérique qui ne veut plus être espagnol. Perçu par les Espagnols comme un Écossais, mais pas au niveau de l'indépendantisme, au niveau du portefeuille.

Cava

Vin pétillant espagnol, qui a l'aspect du champagne, mais pas son goût. Ni son prix, d'ailleurs.

Cervantes (Miguel de)

Génie de la littérature et dont la vie est aussi un roman.

Charles Quint

Empereur espagnol qui parlait cinq langues comme son nom l'indique.

Châteaux

Il paraît qu'il est impossible de construire des châteaux en Espagne, et pourtant il y en a plus qu'en France.

Churro

Gourmandise espagnole, très sérieuse concurrente de la crêpe.

Cidrerie

Restaurant où l'on vient surtout pour boire (du cidre bien évidemment).

Clásico

Partout dans le monde, c'est un match entre le Real Madrid et le FC Barcelone, sauf en France où c'est un match entre l'OM et le PSG...

Cojonudos

Mot grossier espagnol dérivé des attributs masculins, mais également marque préférée d'asperges du roi Juan Carlos Ier.

Colomb (Christophe)

Navigateur italien sponsorisé par les Espagnols.

Cruz (Penélope)

Magnifique actrice espagnole briseuse de cœurs de pirates.

Cuba libre

Boisson préférée des Espagnols. Voir gin tonic.

D.

Dali (Salvador)

Peintre de génie catalan, dont la personnalité fut autant surréaliste que sa peinture.

Desigual

Populaire marque espagnole de vêtements, pas très égale au niveau des couleurs.

Don Quichotte

Héros de littérature espagnol, qui fut le premier à mettre en avant les énergies renouvelables (moulins à vent).

Don Simon

Vin que les Espagnols disent ne pas aimer, mais qui bat chaque année des records de vente.

Duchesse d'Alba

Cousine de la reine d'Angleterre, mais dont la vie fut un peu plus rock and roll.

Duc d'Anjou

Aîné des Capétiens et prétendant au trône de France. À ne pas confondre avec le duc de Bourgogne, qui est une marque de poulets.

E.

Encierro

Fête qui procure beaucoup d'adrénaline et pendant laquelle le taureau gagne toujours.

España

Pays extraordinaire.

Espanyol

Deuxième club de football de la ville de Barcelone. Plus espagnol que catalan, même s'il a récemment « catalanisé » son nom pour plaire à tout le monde.

Estrémadure

Région d'Espagne où le climat est extrêmement dur à supporter.

Eurovegas

Immense projet d'implantation d'hôtels et de casinos dans la région de Madrid, parti en fumée à cause d'une loi anti-tabac.

F.

Famille

Ensemble de personnes unies par le même sang et que l'on met au-dessus de tout en Espagne.

Fiesta

Lifestyle ibérique.

Flamenco

Danse typique espagnole, interprétée de la meilleure façon par les Gitans, et dont le nom est originaire de Belgique.

Football

Deuxième religion en Espagne.

Franco

Général espagnol, mais pas franco.

G.

Gabacho

Mot péjoratif employé par les Espagnols pour se référer aux Français. Équivalent de notre sympathique « Rosbif » pour définir les Anglais.

Galicien

Normand espagnol.

García

Dupont espagnol, tout comme Martínez, López, Rodríguez, González, Hernández, Pérez, Sánchez, Fernández.

Garcimore

Magicien ibérique devenu une légende télévisuelle française, grâce à son accent et ses tours de magie foirés.

Gasol (Pau)

Grand sportif ibérique, tant par la taille que par le talent, et qui ne carbure pas au gasoil.

Gin tonic

Boisson préférée des Espagnols. Voir également whisky-Coca.

Gordo de Navidad

Loterie espagnole très populaire, mais complètement incompréhensible.

Goya (Francisco)

Peintre espagnol précurseur du style romantique.

P.-S. Aucun lien de parenté avec Chantal Goya.

Guernica

Tableau favori des professeurs de langue.

Guiri

Mot peu amical que les Espagnols emploient pour désigner les étrangers. NB : le guiri-guiri n'est pas considéré comme une chatouille en Espagne.

H.

Hidalgo (Ana)

Espagnole naturalisée française et actuelle maire de Paris.

P.-S. (son parti politique, mais ici dans le sens post-scriptum) : Aucun lien de parenté avec Michel Hidalgo.

Hijo de puta

Insulte très amicale en Espagne.

Hola

1º « Salut » en castillan.

2º Revue extrêmement populaire.

Huevos

Œufs en castillan. Mot couramment employé par les Espagnols, mais davantage pour se référer aux parties masculines qu'à l'aliment produit par la gallinacée.

I.

Ibérique

Espagnol + Portugais. Mais dans ce livre, malgré son titre, je ne me réfère qu'aux Espagnols, ne connaissant pas suffisamment les Lusitaniens pour écrire des gentillesses sur eux.

Ibiza

Île des Baléares, où l'on dort très peu.

Inquisition

Période très peu glorieuse du christianisme (litote).

Italien

Français de bonne humeur.

J.

Jeux olympiques

Évènement sportif qui a eu lieu en 1992 à 600 kilomètres de Bilbao, selon les habitants de cette même ville.

Johann Mühlegg

Skieur de fond naturalisé espagnol rebaptisé Juanito par les médias ibériques après ses trois médailles d'or, puis rattrapé par la patrouille de l'antidopage et redevenu Johann.

Joseph Bonaparte

Frère de Napoléon, mais moins brillant que lui, sauf devant la bouteille. Fut éphémère empereur d'Espagne avant d'être affectueusement surnommé « Pépé Botella ». NB : pas de lien avec Ana Botella, la femme de l'ex-Premier ministre.

Journal télévisé

Programme télévisuel que les Espagnols regardent surtout pour la section sportive.

Journée continue

Meilleure invention des Espagnols (avec la tortilla, la paella, la sangria, la siesta, etc.).

Juan Carlos Ier

Roi très populaire en Espagne et également grand amateur d'asperges.

Julio Iglesias

Ex-joueur de football devenu chanteur à succès.

K.

Kalimotxo

Mélange de vin et de Coca-Cola. Également la boisson préférée des fabricants d'aspirine.

L.

Latin lover

Play-boy qui fait perdre aux jeunes filles leur latin.

Letizia

Fut la Anne-Claire Coudray espagnole avant de devenir reine d'Espagne.

M.

Macarena

Chanson espagnole qui vous a forcément fait danser.

Madrid

Capitale d'Espagne, mais aussi club de football royal.

Mairie

Lieu public où l'on peut encore admirer des crèches de Noël, en Espagne.

Mecano

Très populaire groupe de musique espagnol, qui a débuté dans un garage.

Miró (Joan)

Peintre de génie originaire de l'île de Majorque et qui avait apparemment des problèmes de vue. D'où l'expression : « T'es Miro ou quoi ? »

Mundial

Coupe du monde de football, mais que l'on continue à appeler Mundial en France (depuis le Mundial espagnol de 1982).

N.

Nadal

Tennisman espagnol très populaire, qui a battu tous les records sur terre et sur terres battues.

Navarre

Région que partagent l'Espagne et la France, mais que les Français continuent à associer uniquement à la France. Exemple : de France et de Navarre.

O.

Ola

Tsunami virtuel qui submerge les stades de football. À ne pas confondre avec *hola* (voir ci-dessus).

P.

Padel

Jeu favori des Ibériques qui se joue en double et sur la moitié d'un terrain de tennis. Idéal pour les lendemains pénibles.

Paella

Plat typique espagnol aux couleurs de son drapeau national.

Paris

Pour les Espagnols, ville de l'amour située à côté de Disneyland.

Petit

Adjectif autrefois discriminatoire pour un joueur de football, jusqu'à ce que l'équipe d'Espagne démontre le contraire.

Picasso (Pablo)

Fut un peintre de génie avant d'être une marque de voiture.

Pluie

Ciel d'hiver au Pays basque.

Podemos

Verbe conjugué, qui est aussi depuis peu un parti politique en Espagne.

Portugais

Ibérique quelque peu boudé par son voisin de droite.

Portuñol

Langue la plus parlée entre un Espagnol et un Portugais.

PP (se prononce Pépé)

Initiales du *Partido popular*. Très vieux parti politique.

Prado

Musée espagnol similaire au Louvre, mais en moins bien, bien entendu.

Puigdemont (Carles)

Ex-président du Parlement catalan qui restera célèbre pour avoir proclamé unilatéralement l'indépendance de la Catalogne. Ironiquement rebaptisé « Putsch-démont » par certains médias.

Puticlub

Maison close qui est restée ouverte en Espagne.

Pyrénées

Chaîne de montagnes qui unit la France et l'Espagne, et qui les sépare.

Q.

Queso

Fromage en castillan. Se mange pendant l'apéritif en Espagne et avant le dessert en France, mais a le même goût à chaque fois.

R.

Raisins

Fruits que l'on mange par douzaine en Espagne juste avant le jour de l'an et avant de s'étouffer.

Rajoy (Mariano)

Premier ministre espagnol, précurseur malgré lui du mouvement hipster.

Reine Sophie

Femme de Juan Carlos Ier, mais plus ou moins officiellement séparée de l'ex-monarque. A donné son nom à un musée madrilène équivalent au musée d'Orsay, mais en moins bien, bien entendu.

Religion

Première religion en Espagne.

Remontada

Très mauvais film parisien tourné à Barcelone.

Rioja (la)

Plus vaste région vinicole d'Espagne. À ne pas confondre avec *la Roja*, qui est le surnom donné à l'équipe nationale de football.

Rois catholiques

Auteurs de la Reconquista (pas de connotation sportive).

Rois mages

Concurrents du père Noël en Espagne.

Roland-Garros

Tournoi qui se déroule en France, mais qui est toujours remporté par des Espagnols.

S.

Sagrada Família

Monument emblématique de la ville de Barcelone, dont le nom résume à lui seul ce qui est le plus important pour les Ibériques.

Saint Jacques

Apôtre de Jésus-Christ, qui a aussi donné son nom à une ville, un chemin et des coquilles.

Santa-Cruz-de-Tenerife

Grosse concurrente de Rio sur le plan du carnaval.

Sociedad gastronómica

Restaurant basque où l'on cuisine soi-même et (en général) exclusivement réservé aux hommes. Sorte de maison close de la bouffe.

Sommeil

Peu usité en Espagne, sauf pendant l'après-midi.

Speedy Gonzalez

Animal d'origine espagnole qui court très vite. Exemple : « Va donc chez Speedy ».

Stromae

Chanteur français très populaire en Espagne (cherchez l'erreur).

T.

Tanguy

Film dont le protagoniste éponyme refuse de quitter le cocon familial. En France c'est un film, en Espagne une réalité.

Tapas

Spécialité culinaire espagnole. Amuse-gueule qui régale tout le monde.

Téléréalité

Programme de télévision qui fascine toujours les Ibériques.

Te quiero

Je t'aime en castillan. Exemple : « *España, no te quiero* » dixit le président du Parlement de Catalogne.

Thyssen Bornemisza

Musée de Madrid sans ascenseur (Thyssen), dont les tableaux exposés sont détenus par une femme au destin extraordinaire.

Tortilla

Autre plat typique espagnol. Attention : on ne fait pas de tortilla sans casser des œufs.

U.

Udos

Nom d'un célèbre groupe irlandais, mais que les Espagnols ont mal traduit.

Urdangarin (Iñaki)

Ex-gendre idéal, qui a voulu la fortune en plus de la gloire.

V.

Valencien

Langue qui s'écrit et qui se parle exactement comme le catalan, mais qui s'appelle différemment. Tout comme le majorquin qui s'écrit et qui se parle exactement comme le catalan mais qui etc.

Valls (Manuel)

Autre espagnol (catalan plus précisément) naturalisé français.

Vamos

Mot le plus prononcé à Roland-Garros.

Vasectomie

Moyen de contraception très pratiqué en Espagne, équivalent masculin de la ligature des trompes (ie ligature de la trompe).

Vuelta

Tour de France, mais en Espagne.

W.

WhiskyCoca

Boisson préférée des Espagnols (voir aussi gin tonic, Cuba libre…).

X.

Lettre la plus usitée en Galice… et aussi dans les puticlubs.

Y.

Yo

« Je » en castillan.

Yoyo

Je-je en castillan, qui est aussi un jeu.

Z.

Zara

Success-story ibérique qui habille le monde entier.

Zidane

Le plus espagnol des sportifs français et vice-versa.

Zorro

Superhéros d'origine latine et qui veut aussi dire renard en castillan.

ÉPILOGUE

Est-il possible de tomber amoureux d'un pays, comme on tomberait amoureux d'une femme ou d'un homme ?

De se passionner pour un peuple, comme on se passionnerait pour une personne ?

De s'attacher à une nation, comme on s'attacherait à un être vivant ?

Certains prennent leur plume pour décrire leur flamme à travers le héros de leur roman.

J'ai pris ma plume, non seulement pour vous décrire le fruit de mes observations, mais aussi pour vous transmettre une passion.

Une passion pour un pays chaleureux, accueillant, mais aussi complexe et riche en situations paradoxales.

Une passion pour un peuple qui jour après jour ne cesse de surprendre.

Je considère ce livre comme une déclaration d'amour. Particulière certes, puisqu'elle est dirigée envers un pays et pour un peuple, même si je le taquine un peu parfois. Mais qui adore, châtie bien. Alors...

Mais je suis inquiet pour ce pays que j'aime tant.

À l'heure où je termine ce livre, le pays est plus que jamais divisé, conséquence des revendications autonomistes catalanes. Le souvenir des années sombres a été ravivé. Car au-delà du bras de fer entre pouvoir madrilène et séparatistes, c'est toute l'unité de l'Espagne qui est en jeu. Nul doute que si la Catalogne proclame son indépendance, le Pays basque voudra en faire de même. Et cela donnera quelques idées aux Galiciens, peut-être même aux Valenciens et ainsi de suite…

Le château de cartes, symbole de l'unité espagnole, menace de s'écrouler, à cause des coups portés à ses fondations.

Et moi, comme beaucoup d'Espagnols, j'ai toujours envie de me faire des châteaux en Espagne !

Le moine bouddhiste Matthieu Ricard a un jour écrit : « Il est trop tard pour être pessimiste. »

Comme beaucoup d'Espagnols, j'ai encore envie de croire que l'union de l'Espagne est possible.

Qu'il existe une solution pacifiste aux divergences d'opinions.

Que la cohabitation entre toutes les régions de ce pays peut continuer, comme elle l'a déjà fait durant de nombreux siècles.

Que le gouvernement espagnol et les indépendantistes vont enfin dialoguer et trouver un terrain d'entente, dans l'intérêt de chacun. Mais surtout dans l'intérêt de tous.

Que la raison l'emportera sur la passion.

Seulement voilà, il s'agit d'un pays passionné…

Une magnifique chanson espagnole avait connu un énorme succès en Espagne, comme dans toute l'Europe, dans les années soixante-dix. Son titre était *Por qué te vas ?*

Aujourd'hui, comme beaucoup d'Espagnols, j'ai envie de dire : « *¿ España por qué te vas ? Por favor no te vayas.* » Ne t'en va pas !

Oui, il est **bien** trop tard pour être **encore** pessimiste.

Également dans les années soixante-dix, une chanson a connu un succès planétaire et elle personnifie comme jamais le pays dont elle vante les mérites.

Je suis sûr que vous avez encore son refrain en tête…

Y Viva España !

REMERCIEMENTS

Comment ne pas remercier en premier lieu cette magnifique terre d'Espagne et tous les Espagnols que j'ai croisés sur mon chemin ?

Depuis le premier jour où j'ai posé un pied sur la péninsule, où que j'aille, j'ai toujours été accueilli à bras ouverts. Je me suis tellement senti intégré que j'en ai même profité pour leur voler l'un de leurs plus beaux (à mes yeux) spécimens : ma femme Carmen.

En lisant ces lignes, je pense qu'elle sera certainement enchantée d'être traitée de « spécimen » ! Mais elle sait combien je l'aime, et si d'aventure elle en doute encore, eh bien je profite de ce livre pour le lui rappeler et pour la remercier d'être… elle.

Quand mes enfants seront en âge de lire ce livre, ils seront certainement contents de voir leurs deux prénoms mentionnés. Jon et Clara, ces mots sont pour vous deux, vous qui m'inspirez tant.

Si je dois retenir un enseignement de l'éducation que j'ai reçue de mes parents, c'est la « reconnaissance ». Dès notre plus jeune âge, ils nous ont fait comprendre, à mon frère et à moi, combien il était important de remercier

« la vie » pour tout ce qu'elle nous donne. De prendre conscience de la chance que nous avions, de profiter de notre situation privilégiée, mais en étant toujours reconnaissants.

Avec cette philosophie, j'ai appréhendé les coups durs de la vie d'une autre façon, ne trouvant jamais de raisons valables pour me plaindre. J'essaye à mon tour d'inculquer ces valeurs à mes enfants.

Sans mes parents, sans leur amour et tout ce qu'ils ont fait pour moi, je ne serais rien et je ne serais même pas là pour le raconter !

Papa et maman, ces mots sont pour vous. Merci pour tout.

J'ai un grand frère que j'adore et qui a un prénom folklorique, puisqu'il s'appelle : Folco !

Folco, je n'ai jamais eu l'occasion de te remercier pour ta patience à mon égard quand j'étais plus petit, et même moins petit... Je profite de ces lignes pour remédier à cet oubli.

Merci mon frérot.

S'il est un Ibérique qui m'a particulièrement marqué, c'est mon regretté beau-père, Ignacio Artaza. Toutes ces heures passées avec lui m'ont fait comprendre l'Espagne et toutes les richesses de cette terre. Il m'a, du reste, appris autant de choses sur son pays que sur le mien, lui qui était si francophile.

J'ai dégusté chacune de ses paroles comme on dégusterait un délicieux vin Vega Sicilia. Comme ce vin, il était unique.

Ignacio, où que tu sois, ce livre t'est dédié.

Enfin, je remercie Dieu pour tout ce qu'il est.

SOURCES

Tous les Espagnols que j'ai croisés de près ou de loin, depuis vingt ans. Ce sont eux qui ont principalement inspiré ce livre.

Wikipedia, versions espagnole et française : bien utile pour les références historiques.

Les médias espagnols : depuis que j'ai en tête l'écriture de cet ouvrage, je les regarde d'un autre œil, je les écoute différemment, je les observe en profondeur afin de mieux comprendre l'Espagne et ses secrets.

La couverture de *Bienvenue chez les Ibériques* a été réalisée par David Cuadrado, un ami et très talentueux infographiste ibérique !

28257705R00109

Made in the USA
Columbia, SC
09 October 2018